매일의 태도

삶이 버겁고 아직 서툰 어른들을 위한
매일의 태도

김유영 에세이

Booksgo

프롤로그

저마다의 인생에서
고수가 되기를

 누군가 나에게 이런 말을 해준 적이 있던가?
 나를, 하루를 돌아보는 일기를 쓰거나 두었던 바둑을 다시 복기해 보면 잘못되고 미흡했던 것들을 되짚어 볼 수 있어 좋다. 그러고 나면 자신이 왜 그런 생각과 행동을 했는지, 더 나은 대안은 없었는지 반성할 수 있고 이런 반성의 시간이 쌓이면 똑같은 실수를 반복하지 않을 수 있다.
 산에는 높고 낮음이 있고, 물에는 깊고 얕음이 있으며, 힘에는 강약이 있고, 꾀에는 상하가 있다. 우물 안 개구리는 바다를 모르고, 여름 매미는 얼음을 모르며, 마음 좁은 선비는 도를 모르듯 하수는 겁이 없고 교만하다.
 타인을 아는 사람은 지혜롭지만 자신을 아는 사람은 현

명하며, 자신을 아는 사람은 말이 없고 말하는 사람은 알지 못한다. 하수는 쉬운 것도 어렵게 만들고, 고수는 어려운 것도 쉽게 만든다. 하수는 세상과 싸우고, 고수는 자신과 싸운다는 말이 이를 증명한다. 함부로 나대거나 우쭐거렸다가는 혼쭐나기 십상이니 조심하자. 세상은 가는 곳마다 고수들이 널려 있다. 자기 자신을 이김으로써 만족하며, 또한 자신을 낮추고 비우면 자신을 다스릴 수 있는 더 큰 자신을 만나게 된다.

희비가 있는 것이 우리네 인생살이다. 세상이라는 이 거대한 바둑판 위에 불빛이 비추는 곳을 보면 다른 사람들이 저마다 어디에 수를 두며 살아가는지 알 수 있다. 삶과 인생, 사람과 관계에서 정수正手를 두는 게 아닌 상대방을 속이거나 홀리는 꼼수를 부리는지, 자업자득의 자충수自充手를 두는지, 과욕을 부려 무모한 무리수無理手를 두는지, 그 누구도 더 이상 옴짝달싹할 수 없게 절묘한 묘수妙手를 두는지 말이다.

'이 세상이 고수에게는 놀이터요, 하수에게는 생지옥'이라는 영화 속 대사처럼 세상에는 정말 하수와 고수가 존재할까? 지나온 과거와 머나먼 미래를 잇기 위해 사는 현실

속 우리다. 이번 책을 통해 정신과 마음에 깊이 뿌리내릴 당신만의 인생의 묘수를 찾아내어 자기 관리를 철저히 하고 내실을 다지는 데 미력하나마 도움이 되었으면 좋겠다. 그리하여 하루하루 묵묵히 최선을 다하며 의미 있고 가치 있게 살아가는 삶의 고수가 되기를 바란다.

덧붙여, 만약 이 책이 당신의 마음 안으로 스며들어 어떤 잔잔한 여운과 울림을 드렸다면 함께 나누고 싶은 소중한 사람에게 선물해주길 바란다. 문장 노동자의 간곡한 부탁이다.

아무리 좋은 내용의 말과 이야기도
들으려 하지 않으면
무익하고 무연하여 가치를 잃고 만다
아무리 보물 같은 책도
읽지 않으면 종이에 불과하다
아무리 멋진 음악도
듣지 않으면 깡통 소리와 같다
마음의 준비만 되어 있다면
좋은 내용의 말과 이야기는

뼈를 때리는 가치를 지니게 되고

인생의 빛이 되어준다

항상 받아들일 준비가 되어 있는 사람이

현명한 사람이자 크게 될 사람이다

건강과 행복, 즐거움과 미소를 전하는

작가 겸 심리상담사 김유영

추천사

작가님의 책은 무료하게 흘러가던 저의 일상에 작은 빛이 되어 스며들었다. 책장을 넘길 때마다 마음 곳곳이 무장해제 되었고, 잊고 지냈던 옛 추억의 감정들이 되살아났다. 읽기 전 회색빛이었던 마음이 읽고 난 후에는 일곱 색깔 무지갯빛이 되어 세상을 바라보는 시선마저 한층 아름답고 온화해졌다. 책장을 덮은 지금도 그 은은한 울림이 마음속에 일렁인다. 이 책을 읽는 독자들에게도 제가 느낀 깊은 여운이 전해지길 바라는 마음으로 진심을 담아 이 책을 추천한다.

- 김유영의 글을 사랑하는 독자 서준용

차례

프롤로그 저마다의 인생에서 고수가 되기를   4

1장

들여다보다 : 자아

순간순간을 점검하자 14 ◇ 지독하게 나를 사랑할 것 16 ◇ 나 자신과의 대화부터 18 ◇ 동백과 매화처럼 20 ◇ 성찰만큼 자란다 22 ◇ 다이아몬드보다 소중한 것 24 ◇ 나를 알고 마주할 용기 26 ◇ 나와 마주치는 순간 29 ◇ 독서가 중요한 이유 31 ◇ 진짜 욕망과 가짜 욕망 33 ◇ 깨달음이란 35 ◇ 우리가 남기고 갈 것 38 ◇ 지식 그 너머의 교육 39 ◇ 한 줄기 빛이 되어 41 ◇ 알아차리면 평온하다 43 ◇ 걸어온 길과 가야 할 길 45 ◇ 원본과 복사본의 삶 47 ◇ 그럼에도 선한 영향력 50 ◇ 보이지 않는 길일지라도 52 ◇ 나의 오늘 54 ◇ 기억하고 깨어 있어야 한다 56 ◇ 성장했고 또 성장할 것이다 57 ◇ 당신이 현재 이러한 마음이라면 61 ◇ 행복은 구하는 사람의 것 64 ◇ 사색은 마음의 양식이다 68 ◇ 자신에게 솔직할 수 있는가 71 ◇ 출간하는 마음 73

2장

상생하다 : 관계

진정으로 통한다는 것 78 ◇ 더 늦기 전에 80 ◇ 칭찬도 비난도 흘려보내자 82 ◇ 만남은 동상이몽 84 ◇ 참는 것이 이기는 것이다 87 ◇ 사랑은 그저 존재할 뿐 89 ◇ 혼자라도 외로워도 괜찮다 90 ◇ 그 모든 것이 사랑 93 ◇ 아름다운 이별 95 ◇ 손가락질은 하지 말고 살자 99 ◇ 서로는 눈물 나게 감사한 존재 102 ◇ 섣부르게 사랑하지 마라 105 ◇ 시절 인연 속 좋은 인연 107 ◇ 존중과 대화가 강물처럼 흐르기를 110 ◇ 어리숙한 사랑의 초보 112 ◇ 사랑해보다 미안해 114 ◇ 미움과 싫음은 아무것도 아니다 117 ◇ 깊고 짙은 사랑을 하자 119 ◇ 사랑은 끊임없는 노력이다 121 ◇ 허물없는 벗이 필요할 때 124 ◇ 후회 없는 삶 127 ◇ 깊이 배려하며 살자 130

3장

흘러가다 : 수용

계절과 사람 134 ◇ 나이는 성숙을 머금고 137 ◇ 배우려는 마음 139 ◇ 삶의 굴곡을 받아들이자 143 ◇ 비우면 커진다 145 ◇ 행복은 꿈일 뿐 146 ◇ 모든 삶에는 의미가 있다 148 ◇ 고수의 사다리 150 ◇ 오십에의 다짐 152 ◇ 여유 있는 마음 154 ◇ 중심이 있고 유연하게 156 ◇ 나무처럼 살고 싶다 158 ◇ 현재를 살아야 161 ◇ 감정을 그저 바라보기 163 ◇ 한순간이니 165 ◇ 생각과 마음의 신기루 167 ◇ 행복과 욕망은 다르다 169 ◇ 바람을 잡지도 바람에 흔들리지도 않게 171 ◇ 흔한 착각 173 ◇ 고통은 고마운 것이다 175 ◇ 슬픔을 너그러이 허락하자 177 ◇ 경험이란 내가 만드는 것이다 179 ◇ 인생이라는 여행길 180 ◇ 이대로도 좋다 183 ◇ 아모르 파티 185 ◇ 낮춘다는 것 187 ◇ 최고의 삶 190 ◇ 파도 타듯이 살자 192

4장

나아가다 : 행동

진실의 맨 바닥 196 ◦ 매일이 배움이다 198 ◦ 두려움이 있어야 용기도 있다 200 ◦ 초심을 돌아보며 203 ◦ 다 그렇게 살아간다 208 ◦ 반전은 숨어 있다 210 ◦ 행동하는 지혜 211 ◦ 좋아해야 이룰 수 있다 212 ◦ 늘 그렇듯이 평소처럼 215 ◦ 고난의 역설 217 ◦ 흔들리며 사는 인생 221 ◦ 인생은 늘 설렘이다 223 ◦ 길은 만드는 것이다 226 ◦ 솔선수범의 삶 228 ◦ 칼 세 자루의 꿈 230 ◦ 씨앗 속 사과 232 ◦ 날마다 새롭게 살려면 233

1장

들여다보다:
자아

1   순간순간을 점검하자

지금 이 순간
나는 과연 제대로 하고 있는 것인가
내가 바라는 대로 잘하고 있는가를
때때로 살펴보아야 한다
잘못하는 게 있다면
반드시 바로잡아야 하고
잘하고 있으면 계속해서 그 상태를
유지해 나가면 된다
그렇지 않으면 나중을 기약할 수 없다
순간순간 나답게 살고 있는지
점검하는 일이야말로

나를 잘 되게 하는 최상의 비법이다

2 지독하게 나를 사랑할 것

나이가 좀 들었다고
몇 번을 실패하고 넘어졌다고
배운 것과 가진 것이 없다고
자기 자신을 평가절하해선 안 된다
그럴 때일수록 자신을 사랑해야 한다
내가 나 자신을 사랑하지 않는데
어떻게 타인이 나를 사랑하기를 바라겠는가
나란 존재는 그 무엇과도 바꿀 수 없으며
황금으로도 살 수 없는 존귀한 몸이다
또한 단 한 번밖에 주어지지 않는 삶이니
열심히 살아야 한다

의미 있고 가치 있게 행동해야 한다

자부심이란 다른 누구도 아닌

나 자신을 지독히도 끝까지 사랑하는 것이며

오직 나만이 나에게 줄 수 있다

3 나 자신과의 대화부터

우리는 타인과의 대화법은 배우고 싶어 하면서도 정작 나 자신과의 대화에는 소홀하다. 우리는 스스로에게 얼마나 배려하고 있을까? 혹시 비난을 더 많이 쏟아내고 있지는 않는지 모르겠다. 잘 좀 하라고, 왜 이렇게 끈기와 참을성이 없냐고, 난 역시 안 된다고 스스로를 비난하면서 말이다. 열심히 해도 세상은 내 마음대로 되지 않고, 수많은 기대와 시선들 속에서 바쁘게 살다 보면 내가 나를 미워하고 증오하는 순간을 마주하기도 한다.

그럴수록 내 안의 긍정적인 에너지를 잃지 말자. 자신에게 좀 너그러워지자. 물론 마음을 멋대로 풀어놓으라는 말이 아니다. 타인을 배려하는 만큼만 나 자신을 배려하자는 말이다.

  도시에 사는 나는 지금도 동이 틀 무렵의 아침을 좋아한다. 신선한 공기와 고요함에 마음이 설렌다. 길어진 하루의 시간을 넉넉하게 쓸 수 있어 좋고, 나 자신을 부드럽게 이완하여 몸과 마음을 다듬을 수 있기 때문이다. 오늘도 주어진 하루에 감사하며 멋지고 아름답게 후회 없이, 미련 없이 살아 보자고 다짐하고 시작한다.

  이렇게 나 자신과의 대화로부터 하루를 시작하는 나는 매사에 긍정적이고 자유롭다.

4 동백과 매화처럼

오늘 내 곁에 아무도 없으나

홀로이 어울리는 국화차 한 모금에

문득 떠오르는 글귀 하나

동백은 가장 늦게 피는 꽃이요

매화는 가장 처음 피는 꽃이다

봄의 초입 문턱을 함께하는 두 꽃처럼

사람도 더불어 살아가야 하는데

더러는 관계가 불편하고 무겁다

가끔씩 고요함 속에 파묻히고 싶을 때

홀로 있고 싶을 때가 찾아온다

마음을 비운 채 생을 돌아보며 걷다 보면

사색과 사유는 더욱 깊어지고
가파른 길도 숨 고르며 견딜 수 있는
내면의 힘이 응축되겠지
그런 힘을 지니려면 홀로 있는 시간을
오롯하게 잘 보내야 한다
눈서리에도 당당한 동백과 매화처럼

5 성찰만큼 자란다

우리의 경험이나 취약점
고통스러운 문제들을
더 이상 외면하지 않고
깊이 성찰할 수 있을 때
우리는 한 걸음 더 성장할 수 있다
성찰은 때때로 우리에게 일어난
경험과 행위들을 올바로 이해하고
그 과정의 실수와 부족함을 인정함으로써
새로운 인식과 통찰로 나아갈 수 있게 해준다
성찰의 과정은 때로는 번거롭고
고단한 일로 느껴질 수 있다

하지만 지금보다 더 나은 행복한 삶
성장하는 삶을 바라는 사람이라면
성찰하는 시간을 반드시 갖기를 바란다
그 시간을 통해 자신의 생각과 마음
과거와 미래 그리고
인생의 목표와 의미를
더 심도深到 있게 들여다보면
삶의 만족감을 더 크게
느낄 수 있을 것이다

6 다이아몬드보다 소중한 것

다이아몬드는 화려한 빛을 반사하는
보석 중에서도 가장 진귀하고 값비싼 보석이다
그런 다이아몬드보다 더 비싸고 화려하며
더 소중한 것이 빛이다
다이아몬드에게 빛이 없다면
볼품없고 쓸모없는
작은 돌덩이에 지나지 않는다
빛이 있기에 다이아몬드가 반짝이고
화려해지며 값비싼 보석이 되는 것이다
그러나 빛 자체에는 값이 없다
무색투명하기에 화려함도 없으며

그냥 당연히 있는 것이기에
비교 대상으로서의 희귀함도 없다
그러나 볼 수도 잡을 수도 없는 빛이야말로
가치를 매길 수 없는 진정한 보배다
값이 없는 것이 진정 비싸고
화려함이 없는 것이 진정 화려하며
희귀함이 없는 것이야말로
진정으로 소중한 것이다
당신 안의 숨겨진 다이아몬드를 밝혀줄
당신만의 소중한 빛을 찾기를

7   나를 알고
　　　 마주할 용기

서로의 삶과 문제를 토로하고
존재의 본질을 탐구하며
지적으로도 더욱 세련되어졌는데도
왜 매일의 삶은 이토록 고통스러운지
절이나 교회에 나가 보아도
정치 지도자나 스승과 멘토를 좇아 보아도
좌불안석이기는 마찬가지고
나날이 삶과 인생은 혼란스럽기만 하다
매일의 삶을 아무런 문제없이
살아갈 방법은 없는지
애정과 관심과 염려하는 마음으로

스스로에게 진지하게 질문을 던져 보자

그리고 자신과 마주하자

우리는 보이지 않고 알 수 없는 내일을 향해

희망과 두려움을 동시에 안고 살아간다

서로에게서 빛을 찾지만

서로를 이해할 수 있을 만큼

온전히 수용하지도 않는다

자유로운 사람이 우리의 욕망을

채워줄 것처럼 보이면

그런 사람을 끊임없이 찾아다니지만

중요한 것은 자유로운 사람을

알아보는 방법이 아니라

자신을 이해하는 방법이다

현재나 미래의 그 어떤 권위도

자기 자신을 알게 해주지는 못한다

그리고 자기 자신을 알지 못하면

무지와 슬픔으로부터 자유로워지는 것은

불가능하다

8 나와 마주치는 순간

나를 위해 타인의 꿈을 짓밟거나
타인에게 상처주는 나를 발견할 때
열등감과 자기 연민에 사로잡혀
행운이 나만 비껴간다고 생각될 때
문득 마음속에 나라는 인간은
정말 싫다는 목소리가 들려올 때
마음에 흔적을 남기는 친구가 없고
내 편보다는 적이 많다고 느껴질 때
살아가면서 어느 순간
지금까지와는 전혀 다른 외딴곳으로
휙 하고 내동댕이쳐질 때가 있다

일상에서는 느끼지 못했던

인생이란 것이 삐죽 얼굴을 내미는 때

그때가 나를 바라보고 마주할 때다

결점 많은 약한 존재인 나다

1장 들여다보다: 자아

9 독서가 중요한 이유

독서란 읽는 것과 보는 것이 아니라

만나는 것이다

작가의 머릿속 여행이자 간접체험이다

지식을 가슴으로 체득하는 행동이다

심신을 수양하고 교양을 넓히며

인류의 위대한 스승에게 배울 수 있는 길이다

학문과 인격을 동시에 갖추기 위한

가장 훌륭한 방법 가운데 하나다

우리는 타인의 경험과 지혜를 통해

살길을 암시 받을 수 있다

위대한 스승과의 인격적 만남과

저자와의 깊은 정신적 교감을 이룰 수 있다

이를 통해 자기를 가다듬고 세상을 바로잡는

지혜와 현명함을 습득할 수 있다

독서는 치열한 경쟁사회 속에서

상처를 받고 자아를 상실한 채

소외된 존재로 살아가는 사람들에게

삶의 진정한 의미와 방향을 제공해준다

독서가 중요한 이유다

1장 들여다보다: 자아

10 진짜 욕망과
가짜 욕망

　드러내지 않고 사는 데 익숙한 우리다. 하고 싶은 일이나 바람을 차곡차곡 마음속에 쌓아놓기만 하면서 안전하게 제대로 잘 살고 있다고 만족하고 있지는 않나 의문이 들기도 한다.

　그러다가 가끔은 허탈감이 밀려올 때가 있다. 그동안 나는 뭐했나 싶은 기분이 드는 것이다. 풀지 못한 욕망이 쌓일수록 공허함은 들쑥날쑥 마음속을 헤집어 놓는다.

　그런 욕망은 억누르기보다, 아름다운 욕망인지 그렇지 못한 욕망인지를 구분하는 지혜가 필요하다. 그것은 그 욕망이 내 삶에 어떤 영향을 끼치는가를 헤아려 보면 좀 더 쉽게 판단할 수가 있다.

나는 가끔 지금의 시대가 얼마나 좋은가 하는 생각이 들 때가 있다. 마음만 먹으면 할 수 있는 일들이 너무나 많기 때문이다. 세상에는 돈과 시간이 없어서 못하는 일보다 마음을 내지 못해서 못하는 일이 더 많다.

그렇다면 나는 지금 무엇을 해야 할 것인가?

11 깨달음이란

사람들은 가끔 나에게 묻곤 한다
깨달음이 무엇이냐고
나는 대답한다
나는 아직 깨닫지 못해서
그것이 무엇인지 모르겠다고
다만 나라는 사람이 누구인지 안다면
깨달음에 한 걸음 다가선 것이라고
그리하여 다른 사람을 위해
무엇을 양보하고 내어줄 줄 안다면
그가 바로 깨달은 이가 아닐는지
어려움 속에서도 희망과 즐거움을 찾고

미워하면서도 사랑하려 애쓰며

슬퍼하면서도 포기하지 않고 다시 일어서고

나보다 타인을 함께를 모두를

생각하고 행동하는 그런 사람이 아닐는지

깨달음은 세월이 흐르면서 조금씩 알게 되고

단박에 깨치기 어려운 것이니

살아가면서 하나하나 터득해 가는 것이 아닐는지

혹여나 깨친 뒤에 그 마음을 잃지 않으려 노력하는 데

깨달음의 실체가 있는 것은 아닐는지

성장의 비밀은 고난에 있고
용기의 비밀은 두려움에 있다
변화의 비밀은 슬픔에 있으며
힘의 비밀은 좌절에 있다
사랑의 비밀은 아픔에 있고
성공의 비밀은 실패에 있다
깨달음의 비밀은 괴로움에 있으며
이 모든 비밀을 풀 수 있는 사람은
그 누구도 아닌 오직 나뿐이다
비밀의 힘은 나에게 있다

12 우리가 남기고 갈 것

우리가 죽음을 맞이할 때
남길 수 있는 무언가가 있다면
그것은 오직 자신의 이름을
대신하는 삶의 모습일 것이다
무엇을 남겼는가가 아닌
어떻게 살아왔는가에 대한 물음에
우리는 결국 침묵하겠지만
남겨진 사람들은 먼저 간 이들의 삶을
오래도록 기억하고 있을 것이다

13 지식
그 너머의 교육

 교육은 무엇을 가르치는 것일까. 또한 교육을 통해 얻을 수 있는 것은 무엇인가.

 교육은 지식을 가르쳐 세상을 보다 깊고 넓게, 멀리, 높이서 볼 수 있게 만들어주고, 보다 인간답게 살 수 있는 기회를 부여해준다. 하지만 지식이 단순한 암기와 이론에만 머물 때 교육의 참다운 의미는 퇴색된다.

 무한경쟁시대를 살아가는 지금의 사람들에게 한순간에 사라져 버리는 머릿속 지식보다는, 자신만의 길을 개척하는 독창적이고 창조적인 지성을 지니게 해야 한다. 한번 독창적이고 창조적인 실천으로 얻은 지식은 죽을 때까지 내 영혼의 동지가 되어 나를 갈고닦아 나가게 해줄 것이다. 지식, 그 너머의 교육을 그릴 수 있는 진취적이고 창의적인 영혼을 위해 존재하는 것이 바로 진정한 의미의 교육이지 않을까 싶다.

　무엇 때문에, 무엇을 위해 공부하는가에 대한 명확하고 확고한 답을 찾기를 바라며.

14 한 줄기 빛이 되어

세상이 미쳐 돌아가는 것이
마음에 들지 않는다고
불평만 하고 있을 것인가
중요한 것은 불평이 아니라
희망을 포기하지 않는 것이다
세상을 좀 더 나은 곳으로
만들기 위해 부단히 노력해야 한다
내가 하지 않으면 이 세상은
조금도 나아지지 않는다
비이성적이고 자기중심적이며
답답한 요지경의 세상일지라도

나는 내가 사는 이 세상에
한 줄기 빛이 될 수 있다는
희망을 잃지 않아야 한다
타인의 칭찬이나 영광은 필요치 않다
내가 옳고 선하고 진실된 일을 한다면
내 행동은 그 자체로 본질적인 가치와
의미를 지니게 될 테니
미친 세상에도 희망은 있다

1장 들여다보다: 자아

15 알아차리면 평온하다

삶과 인생을 겪어 보니
알아차림이 우선이고
경험은 그 다음이다
경험은 항상 변하지만
알아차림은 변하지 않는다
알아차림의 내용이 아니라
알아차림 자체에 주의를 기울이자
알아차림은 슬픈 기분을 끌어올려주고
들뜬 기분을 가라앉혀준다
알아차림은 평정심이고 지혜다
알아차림을 인생으로 삼아야

의식 있게 의도적으로 살 수 있고

나도 타인도 행복할 수 있다

1장 들여다보다: 자아

16 걸어온 길과 가야 할 길

눈길을 걷다가 문득 뒤를 돌아보았다
발자국들이 가지런히 이어져 있다
마치 숨 가쁘게 한 해를 지내오며 생긴
내 삶과 인생의 발자취 같다
때로는 미련과 후회가 든 순간도
안타까움과 아쉬움이 든 때도
아픔도 슬픔도 기쁨도 행복도 있었으리라
이 길이 내가 가야 할 길이라 굳게 믿고
열심히 부지런히 걷고 또 달려왔건만
제대로 잘 가고 있나 싶을 때면
언제나 새로이 나타난 갈림길이

나에게 선택을 강요하기도 했다

어찌할 수 없이 얄궂게도

우리네 인생길엔 내비게이션이 없다

내가 선택하고 가는 길이 곧 나의 길일 테니

그래도 포기하지 않고 우직하게 걸어온

세월 속 그 시간들이 아름답고 눈부시다

17 원본과 복사본의 삶

우리는 이 세상에 제각각의 원본으로
자기만의 지문을 갖고 태어났다
살다 보니 원본은 퇴색되어 보이질 않고
세상 속 누군가의 복사본으로 살아가고 있다
유일한 삶을 살 수 있음에도
잉여와 여분의 삶으로 살아간다
복사본들은 하루하루를
생존 모드와 잔존 모드를 오가며
어제와 같은 오늘을
오늘과 같은 내일을 살아갈 뿐이다
그것은 사는 것이 아니라

타인과 비슷해져 자신의 존재 가치가
사라져 가는 것과 같다
사회에서 인정하는 모범생의 길을 따라
모두가 선망하는 직장에 평생 몸담고 사는 것을
과연 죽음 앞에서 잘 살았다고 말할 수 있을까
원본인 나를 표현하고 자기만의 지문을
증명하듯 살아갈 일이다

삶에서 자신이 진정으로
무엇을 원하는지 명확해지면
삶도 명확해진다
마음에 따라 삶은 움직인다
마음의 의도가 명확한 사람은
이루지 못할 게 없다

18 그럼에도
선한 영향력

살다 보면 때로는 조금은 더
너그러운 사람이 된 것 같기도 하고
때로는 밴댕이 소갈딱지만큼이나
옹졸한 사람이 된 듯해도
하루하루 변화무쌍한 계절처럼
마음이 변해 가는 듯해도
언제든지 세상에 선한 영향을 주고
도움이 되는 존재로 남아야 한다는
생의 기준에는 변함이 없다
강렬한 이기적 욕구에 흔들릴지라도
맑고 밝은 지혜의 빛을 향해

한 걸음 한 걸음 우직하게 가보려 한다
하루 일과를 돌아보고 나를 다독이며
오늘을 살고자 한다
넉넉히 채우고 또 덜어내고 비워내
마음의 향이 그윽해질 때까지

19 보이지 않는 길일지라도

담쟁이넝쿨이 어디로 어떻게
뻗어 나가는지 그 길은 알 수 없다
겨울이 되어 잎이 다 떨어지고 나면
뻗어 나간 길의 흔적만을 볼 수 있다
길이 아닌 길을 만들어 나가는
담쟁이넝쿨의 지혜로운 생명력처럼
우리도 보이지 않고 알 수 없는 내일의 길을
한 발짝씩 내딛고 가야 한다
이 길인지 저 길인지
어디로 가야 하는지
내가 가고자 하는 길이 과연 맞는지

불확실하더라도 우리는 가야만 한다
내가 가는 이 길이 나의 길이 되고
그 길에 내가 꿈꾸는 미래가 있으니
나를 믿고 가야 한다
저 담쟁이넝쿨처럼

20 나의 오늘

나를 바꾸지 말고 더 격렬하게
세상이 기대하는 자신이 아닌
나 자신이 되어야 한다
마음에 들지 않는
나의 어떤 부분을 바꾸기보단
나라는 존재는 과연
어떤 사람인지를 파악하자
그리고 어제도 내일도 아닌 오늘을 살자
과거는 이미 지났고 미래는 알 수 없으며
오직 현재만 내 마음대로 할 수 있다
나로서 현재에 존재하는 것만이

우리가 확실하게 행복할 수 있는 전부다

21 기억하고
깨어 있어야 한다

나는 행복해야 한다는 것과
이미 행복하다는 것을
이대로 충분하며
이미 좋은 사람이라는 것을
자주 많이 웃어야 하고
타인과 행복을 나누어야 한다는 것을
나의 가슴을 따라 살며
타인을 판단하거나 비교하지 않아야 한다는 것을
그리하여 나는 누구이며
내 삶의 이유와 목적은 무엇인지를
잊지 말고 늘 깨어 있어야 한다

22 성장했고
또 성장할 것이다

  인생의 목적과 깊은 의미, 우리가 존재하는 이유가 무엇인지 알게 되었다.

  우리는 모두 고유하며, 자신이 누구인지 깨닫고 자신만의 방식대로 사는 것이 바른 길임을 알게 되었다.

  자신의 방식대로 사는 것이 옳기 때문에 타인과 경쟁할 필요가 없다는 걸 알게 되었다.

  그럼으로써 자기중심적인 삶에서 벗어나 주변의 사람들과 더 깊은 관계를 맺고, 삶과 사람을 더 깊이 이해함으로써 스스로가 더 현명해졌다고 느꼈다.

  사람들과 세상일이 서로 어떻게 영향을 주는지 그 사이의 관계와 상호작용도 볼 줄 알게 되었다.

꿈을 놓쳐버리느니 실패나 창피를 무릅쓰고서라도 시도해 볼 기회를 원하게 되었다.

내면에서 경고음이 느껴질 때, 귀를 막기보다는 무엇이 잘못되었는지 한 번 더 생각해 보고 행동하게 되었다.

스스로가 적극적으로 관여하여 인생을 만들어 나가고 있다는 생각이 들고, 그렇게 할 때 모든 일이 더 잘된다는 사실을 깨닫게 되었다.

우리는 모두 불완전한 인간이며 모두 나름대로 최선을 다하고 있다는 사실을 깨달음으로써 사람들에게 더 너그러워진다는 사실도 알게 되었다.

즐거움으로 넘쳐흘러 시간이 멈춘 듯한 멋진 경험을 하

는 시간들도 더 많이 갖게 되었다.

  해마다 이맘때면 나는 스스로가 어떨 때 가장 멋진 사람이 된 것 같이 느끼는지 돌아보고 점검한다. 잠시 동안 가만히 앉아 어떤 부분에서 스스로가 성장했는지 생삭해 보고 내용을 적고 날짜를 기록한다.

  그런 다음 앞으로 성장하고 싶은 부분을 적는다. 그리고 새로운 깨달음과 목표를 기록하고 날짜를 기입한다. 이렇게 하는 이유는 개인적인 성장이 평생 동안 해나가야 할 여정임을 알기 때문이다.

  지금부터 1년 후, 5년 후, 10년 후의 자신의 모습을 그려 보자. 그리하면 스스로가 원하는 활기차고 멋진 사람, 영혼이 충만하게 성장한 자기 자신으로 거듭날 수 있을 것이다.

23 당신이 현재 이러한 마음이라면

오늘 이후의 삶은 일단 모르겠다

즙을 짜듯이 일하고 있다

아무런 말을 하기도 듣기도 싫다

먹고 싶은 것, 하고 싶은 것, 보고 싶은 게 아무것도 없다

감사할 힘도 다 빠져 있다

체면이 구겨질까 봐 다른 사람이 내 가치를 낮잡아 볼까 봐

억지로 척하는 거 싫다

아파서 아프다고 말하고 싶은데

걱정도 싫고 동정도 싫다

사람들의 응원과 격려도 흡수가 안 된다

그냥 좀 쉬고 싶다

나를 찾아서

마음이 좀 아프다

　내 삶의 이유와 목적, 의미를 모른 채 살고 있지는 않은가? 살기는 좋아졌으나 그 속에서 살아가는 우리 개개인의 삶은 그렇지 못한 안타까운 현실 속에서, 삶의 의미와 즐거움, 뿌듯함을 발견해서 살아갈 수 있다면 마음이 고달프지는 않을 것이다.

　자신이 왜 사는지 알고 사는 사람과 모른 채 그냥 사는 사람의 삶은 하늘과 땅 차이다. 삶의 이유와 목적을 아는 사람은 어떤 난관이나 어려움도 이겨내고 극복해내지만,

모르는 사람은 작은 고통과 어려움도 극복하지 못한다.

   자기 삶의 주인으로 살면 인생이 재미있고 신나고 유쾌하고 행복하다. 자신의 일에서 돈이 중요한지, 의미와 가치, 명예, 권력, 자아실현 등이 중요한지는 오로지 자신만이 선택할 수 있으며, 거기에 자신의 일생이 좌우될 수 있음을 잊지 말아야 한다.

   당신의 멋지고 아름다운 인생을 위하여 나는 왜 사는지를 분명하고 명확하게 새길 필요가 있다. 아무도 내 삶을 대신할 수는 없으며 오직 나만이 내 삶을 살 수 있고 바꿀 수 있다.

24 행복은
구하는 사람의 것

삶은 단 한 마디의 수사로
정의할 수 있는 것이 아니다
사람으로 태어나 살아가는 우리들도
저마다 모습을 달리하고 있다
어떤 사람들은 벌레 먹은 이파리와
새들에게 쪼여 상처받은 열매처럼
고단하게 살아가고
어떤 사람들은 맑고 청명한
이슬을 머금은 이파리와
싱싱한 과육과 윤기 나는 껍질을 가진
열매처럼 건강하게 살아간다

행복이 무엇인지 아는 사람이라면
고단한 삶보다는 건강하고 즐거운
삶을 살아가길 바랄 것이다
그러나 행복은
암석에 숨은 보석과도 같아서
누구나 아름다운 빛을 발하는
행복을 얻기 힘들다
게다가 보석의 진가를 모르는 사람은
어렵게 조각낸 암석 속에서도
돌과 보석을 구별해내지 못한다
진짜 보석은 닦으면 닦을수록 빛난다

행복의 달란트로 얻은 보석을

거추장스러운 장식품처럼

상자 안에 보관하는 사람은

이미 행복을 누릴 기회를 상실했다

삶은 행복하고 건강하며 아름다운 것이라

정의할 수 있는 사람에겐 지혜가 있다

지혜는 마음의 샘에 담겨 있다

샘은 항상 지혜의 물로 충만한 것이 아니고

때로는 가뭄을 만나 바닥을 드러낼 때도 있다

마음의 샘이 메말라 있다면

우리는 새로운 지혜의 샘을 파야 한다

행복해지는 비결은 쾌락을 얻기 위해
노력하는 것이 아니라
노력 그 자체에서 쾌락을 찾는 것이다
가장 행복한 사람은
정신적으로든 육체적으로든
자신이 살아온 인생을 큰 고통 없이
되돌아볼 수 있는 사람이다

25 사색은 마음의 양식이다

사색하는 것을 포기하는 것은
정신적 파산의 선고와도 같다
돈이 많은 사람보다 내면적 사색이
충만한 사람이 더 행복하듯이
사색이 인간의 삶에 미치는 영향이
얼마나 중요한지를 잘 알아야 한다
사색은 정신적인 양식과 같아
자신을 살피는 눈을 기를 수 있고
지혜의 혜안을 얻을 수도 있다
그래서 사색을 많이 하는 사람은
생각이 깊고 마음의 결이 곧다

사색은 인간의 위대한 예술의 하나로써
당신을 품격 있는 삶으로 이끌어줄 것이며
자신의 내면을 탄탄히 하는 일이기에
깊이 있는 삶을 살아가게 해줄 것이나

안락함에서 깨어나기

갇혀 있는 생각에서 벗어나기

경계에 서서 안과 밖을 바로 보기

매일 똑같은 일상의 반복 속에

오늘은 조금 다른 모습으로 그려 보기

그리하여 진실과 마주하기

26 자신에게
솔직할 수 있는가

우리, 자신의 모습에 대해 생각해 보자. 지금의 나는 온전한 나인가 말이다.

우리에겐 자신을 냉정하게 바라볼 시간이 필요하다. 인정하고 싶지 않은 모습, 못난 보습, 과장된 모습, 조작된 모습, 남이 몰랐으면 하는 모습, 그런 것들로 인해 점점 나를 잃어가고 있는지도 모를 일이다.

있는 그대로 솔직하게 바라보는 순간 우리에게 감춰진 놀라운 힘이 발휘된다. 그 무엇도 두렵지 않은 마음, 무엇에도 걸리지 않는 자유로운 마음이 바로 그것이다.

우리는 스스로 만들어낸 생각들에 갇힐 때가 있다. 지금 내가 믿고 있는 것이 진실인지 살펴보는 용기를 가지자.

진실과 함께 있다면 언제나 자유롭고 당당하며 무엇에든 맞설 수 있다.

1장 들여다보다: 자아

27 출간하는 마음

해마다 책을 준비하고 나면

지난 시간을 되돌아보게 된다

책을 읽고 매일매일 글을 쓰며

배움과 깨달음의 결실을 모아 놓은 책이

뿌듯하면서도 다른 한편으론

작은 염려들이 모인 결실로 느껴진다

우리의 삶도 가끔씩은

중간평가의 정리하는 마음으로

살펴볼 수 있었으면 어떨까 하는 생각이다

어떻게 살아가야 할지

막막해질 때마다 펴 볼 수 있도록

나를 돌아보고 지나온 삶을 반성하는 의미로

성찰하고 성장하는 의미로 말이다

해마다 책을 출간하는 마음이다

1장 들여다보다: 자아

상대에게 행복과 미소를 전염시켜
만나면 기분이 좋고 즐거워지는 사람
매일 아침 맞이하는
맑은 공기 같은 사람이 되고 싶다
그리하여 내가 떠난 뒤에
남아 있는 사람들이
나로 인해 조금 더 웃었다고
조금 더 행복했다고
조금 덜 아프고 슬펐다고
기억해주기를 바랄 뿐이다

2장

상생하다:
관계

1 진정으로
통한다는 것

우리는 자신이 믿고 싶은 것만 믿는다
자신이 본 것만 기준으로 삼고
자신이 듣고 싶은 말만 듣는다
어떨 때는 상대방의 말을 듣는 게 아니라
자신의 생각을 확인하는 증거로 삼는다
이렇듯 대부분의 사람들은
궁극적으로 보려 하지 않고
자기 입장을 먼저 따진다
내 생각이 틀릴 수도 있다는 것을
인정하지 않는다면
오해나 왜곡이 만들어내는

관계의 골은 점점 더 깊어진다
역설적이게도 우리에게는
사람에 대한 믿음이 더욱더 필요하다
진정한 믿음이란 나의 믿음이 과연 옳은 것인지
의심해 보는 것에서 시작된다
상대방에 대한 나의 생각들을 접어 두고
그의 마음을 들여다보려는 노력이 그것이다
그런 노력으로 우리는 타인과
진정으로 통할 수 있다
마음으로 들어야 보인다

2 더
  늦기 전에

사랑과 관심 속에서
인정과 존중 속에서
건전한 대화 속에서
서로의 생각을 나누고 경청하고
마음으로 공감했어야 함에도
가깝고 친하고 편하다는 이유로
정작 나의 허물은 보지 못하고
지적과 비난과 상처를 주는 막말을
쏟아내는 못나고 못된 사람이었다
그렇게 내 곁을 떠난 사람과 마음은
다시 오지 않음을 깨닫는 순간

그 시간이 얼마나 빨리 지나가는지
처음으로 깨닫는 순간
우리 앞에 놓인 삶이 얼마나
허망하고 짧은지를
곁에 있는 사람이 얼마나 소중한지를
후회하고 깨닫는 순간
비로소 성숙한 인생이 시작된다

3 칭찬도 비난도 흘려보내자

누군가 나를 칭찬하면
그저 감사합니다 하면 될 일이고
누군가 나를 비난하면
그저 미안합니다 하면 될 일이다
칭찬도 비난도
그 사람의 생각이지 내가 아니다
사람인지라 칭찬에 기분 좋아지고
비난에 기분 상할 수도 있겠지만
내 일로 여기지 않으면 될 일이다
그렇게 흘려 넘겨 버릇하면 나중에는
별 자취 없이 넘겨진다

그러니 칭찬과 비난에 너무 머무르지 말고
그냥 흘려보내는 것이 정신 건강에 좋다
찬 바람이 불면 따뜻한 곳으로 옮기듯
뜨거운 바람이 불면 시원한 곳으로 옮기듯
바람은 내 뜻대로 세울 수 없고
붙잡아 둘 수도 없다

4   만남은
   동상이몽

사람과 사람이 만난다는 것은
서로가 만들어 놓은
내부 이미지가 만난다는 것이다
세상을 똑같이 보는 일은 있을 수 없다
원하는 것과 드러나는 것이
다르기 때문에 부딪칠 때가 많다
그러므로 있는 그대로를 보는
연습이 필요하다
자기 감정에 시비 판단을 하지 않고
흘러가는 과정을 보는 것
내 안에 일어난 내부 이미지에

어떻게 반응하는지를 관찰하는 것이
나를 있는 그대로 보는 훈련이다
나를 보는 힘이 생기면
타인도 그렇게 볼 수 있게 되고
타인을 볼 수 있게 되면
그렇게 한 이유를 생각할 수 있게 되어
마음 또한 편안해진다

내 기준을 고집하고
내가 원하는 모습을 강요하기 때문에
가까운 사람과 갈등을 빚는다
있는 그대로 각자의 모습을 인정하자
그리고 오늘 그에게 이렇게 말해 보자
참 고마운 사람이라고 참 훌륭한 사람이라고
관계 안에서 행복해야 내 삶도 아름다워진다

5 참는 것이 이기는 것이다

살아오면서 깨닫는 사실 하나는

무슨 일이든 화를 내면

진다는 사실이다

분노의 감정이 마음을 지배하면

상황을 판단하는 능력이 둔해진다

그럴 때 말이나 행동이 제대로 나올 리 없다

인간이라면 누구나

화가 나서 욱할 때가 있다

화가 났을 땐 일단 힘을 빼고

호흡을 가다듬는 연습을 계속하면

항상은 불가능하더라도

결정적 순간에는 화를 제어할 수 있다
어떤 일이 일어나도 냉정하게 판단하고
적절하게 행동할 수 있게 된다
그런 면에서 화를 자제할 줄 아는 사람이
이기는 사람이다

6 사랑은
그저 존재할 뿐

우리는 사랑 혹은 결혼이라 부르는
계약을 통해 서로를 구속하고 있다
그러나 사랑은 융합도 확산도 아니다
개인적인 것도 비개인적인 것도 아니다
머리로는 알 수 없는 존재의 상태일 뿐이다
말이나 설명은 사랑이 아니다
사랑은 오직 마음이 고요할 때만 알 수 있다

7 혼자라도 외로워도 괜찮다

상담이나 강연이 없거나 이런저런 모임 혹은 개인적인 만남을 제외하면 대부분 나는 혼자 있게 된다. 산책이나 등산을 가거나 서점에 들르거나 카페에서 글을 쓰거나 사두었던 책을 읽는 등 혼자 있을 때 더 많은 것을 하면서 아주 작은 것들에도 관심을 갖게 된다.

문득 지난 일을 떠올리며 '그때 그 얘기를 해주었다면', '그때 왜 그랬을까' 하면서 마음을 정리하는 시간도 갖는다. 이해할 수 없거나 상처를 받았거나 오해를 주고받았던 일들을 빨래와 청소를 하듯 정리하는 기분으로. 또는 문득 떠오르는 누군가에게 안부의 전화를 걸기도 한다.

가끔은 홀가분한 혼자가 좋아서 너무 큰 호사를 누리는

건 아닌가 싶을 정도다. 하지만 내가 누리는 것쯤이야 마음먹으면 누구나 할 수 있는 일이 아닐까 생각한다.

인간은 아무리 외로워도 두 시간 이상 지속적으로 외로움에 젖어 있지 않는다. 외로움 사이사이 다른 일을 하다가 문득 '아 맞다, 나 외롭지!' 하며 되새기는 것이다. 외롭고 우울해하다가도 반가운 벗이나 지인을 만나면 금방 잊어버리고 깔깔거리며 웃고 떠든다. 반가운 전화라도 받으면 언제 그랬냐는 듯 기분이 좋아진다. 이 정도를 가지고 외롭다, 고독하다, 쓸쓸하다, 허전하다고 말하는 게 조금 쑥스러운 일 아닌가 말이다.

그러니 잠시 지나가는 외로움에 너무 연연하지 말자. 좋고 나쁘고 외롭고 우울한 감정은 잠시 지나가는 버스라고 받아들이자. 자의든 타의든 혼자 지내야 하는 사람들이 늘어나는 세상이다. 언제까지 혼자라는 호사를 누릴 수 있을지는 모르지만, 혹 당신 또한 고독의 선물을 받는다면 스스로에게 말해주자.

  "괜찮아, 혼자면 어때"라고.

8 그 모든 것이
사랑

그 사람과 함께한

밥 한 공기, 말다툼, 여행, 대화,

공감, 애증, 연민, 눈물

그 모든 것이 사랑이다

그 사람과 함께할 수 있다면

그 사람을 사랑한다면

기꺼이 아흔아홉 걸음을

물러서 줄 수 있어야 한다

다만 두 사람 사이에

진실한 사랑이 있어야 함은 물론이요

상대방의 생각과 마음마저

수용할 수 있어야 한다

2장 상생하다: 관계

9 아름다운
이별

우리는 보통 어떤 사람과 관계를 맺으면
관계를 계속 이어가기 위해 애를 쓴다
하지만 영원히 이어지는 관계는 없다
게다가 끝낼 수밖에 없는 이유가 있다면 끝내야 한다
죽음으로써 자연히 관계가 정리되기도 하지만
살아서 끊어야 하는 관계는 어떤 것일까
그립고 보고 싶었던 이들을
세월이 지나 다시 만나게 되면
예전의 감정이 되살아나지 않는 경우가 종종 있다
수많은 만남과 헤어짐을 반복하는
삶 가운데는 인연이 다한 이들도 있다

나는 원하지만 상대가 거부하는 인연도 더러 있다
그때마다 우리가 할 일은 마음속으로
고맙다는 인사와 함께 보내주는 것이다
잘 떠나보내는 것도 관계의 아름다운 기술이다
좋은 사람은 좋은 대로 나쁜 사람은 나쁜 대로
그들에 대한 감정을 내려놓아야 한다
허무한 느낌이 들기도 할 테지만
아무리 중요한 인연이라도 시절이 지나면
어떤 형태로든 작별을 고해야만 하는 것
이것이 우리 생에서의 인연의 관계다
그중에서도 가장 힘들고 아픈 헤어짐은

사랑하는 사람과의 이별이다

미움의 불길에 휩싸이면 아무것도 보이지 않고

감정에 휩쓸리면 제대로 판단할 수 없다

사랑해서 만났고

서로 웃음과 눈물을 나누었고

서로에게 맞추기 위해 애썼다면

상처와 비난 대신

위로와 다정한 말로 끝낼 수 있지 않을까

사랑할 때 노력했던 것처럼

이별할 때도 노력이 필요하지 않을까

진정한 사랑은 충분히 사랑하고

헤어질 때는 집착하지 않는 것이다
나에게 다가오는 인연들을 성실하게 대하고
헤어질 때도 예의를 다하자
그렇게 내 인생의 한 시기를
따뜻하고 아름답게 만들어준
인연들에 고마움을 전하며

10 손가락질은 하지 말고 살자

우리는 많은 말들을 하면서 살아간다
그 말 중 대부분은 타인의 이야기다
그것도 좋은 이야기가 아니라
타인의 아픈 곳을 말하며 기쁨을 찾으려고 한다
어떤 이는 자신의 경험을 말하며 자기를 드러내려 한다
또는 여러 이야기를 생각 없이 하거나
확실하지도 않은 추측으로 말을 만들기도 한다
자신이 책임지지 못할 말을 해서는 안 될 것이다
생각이 깊은 사람은 말을 하지 않고 생각을 한다
서로를 위로하고 격려하며
삶에 힘을 돋워주는 그런 말을 나눈다면

우리 삶이 얼마나 풍요롭고 행복할까
드러나는 말보다 밝은 미소와 침묵으로
조용한 물처럼 깊이 있는 말로
사랑과 감동을 전할 수 있다면
바로 그것이 아름다운 삶이 아닐까 싶다
나를 위해서가 아니라 우리 모두를 위해서
곁에 있는 사람들에게 힘이 되는 말을 하며
살아갔으면 좋겠다

말은 생각을 담는 그릇이다
어떤 생각을 하느냐에 따라
그 말의 가치가 결정된다
아무렇게나 생각하면 아무렇게나 말하고
좋은 생각을 하면 좋은 말을 하며
한마디의 말이 힘들이지 않고
세상을 휘어잡기도 파멸시키기도 한다
잘 생각해서 신중하게
말해야 하는 이유다

11 서로는
눈물 나게 감사한 존재

사찰의 식사 법도인 발우공양鉢盂供養은
절제와 소식으로 남김없이 식사를 하는 수행이다
쌀 한 톨에 수많은 이들의 땀방울과
햇빛과 공기와 물과 같은 자연의 은혜가
숨어 있다는 가르침이 담겨 있다
사람 또한 세상에 홀로 존재하지 않는다
부모의 사랑 속에서 어른이 되고
친구와 함께 공부하며 성장하고
동료와 함께 일하면서 성과를 낸다
얼굴도 이름도 모르는 타인의 도움과
수많은 인연이 없었다면 나는 존재할 수 없다

다른 존재에 대한 감사와 사랑과 친절은

너무도 당연한 일이며

나를 살리는 길이기도 하다

곁에 있는 친구부터

보이지 않는 모든 생명까지

헤아릴 줄 아는 마음이야말로

바른 성품과 덕행을 갖추도록

수행자를 이끌어주는 선지식善智識이다

누군가를 돕는다는 것은

비를 맞는 이에게 우산을 씌워주는 것이 아니라

함께 비를 맞아주는 것이라 했다

혼자 비를 맞을 때는 처량한 생각이 들다가도

누군가와 함께라면 장난치며 유쾌하게

비를 맞을 수도 있으니 틀린 말이 아니다

꼭 물질적인 도움이 아니라도

공감해주고 함께 아파해주는 마음

누군가를 도와주고 싶고 잘 되기를 바라는

큰 사랑의 마음

그렇게 함께 해주었던 벗의 마음을

우리는 평생토록 잊지 못하는 것이리라

서로 더불어 살아가는 세상이다

12 섣부르게 사랑하지 마라

상대방의 믿음과 신뢰를 깨트리거나

상대방에 대한 사랑과 이해

헌신과 희생의 노력을 하지 않거나

상대방에 대한 약속과 다짐을

지키지 못할 것 같으면

애초에 만나지도 사랑하지도 마라

나로 인해 걱정하지 않게

나로 인해 아프지 않게

나로 인해 슬프지 않게

나로 인해 외롭지 않게

나로 인해 배고프지 않게

나로 인해 우울하지 않게

나로 인해 허전하지 않게

나로 인해 눈물 흘리지 않게

하지 못하고 하지 않을 것 같으면

나로 인해 미운 사람을 애써 만들지 마라

그로 인해 사랑하는 사람을 잃는다는 것은

내 영혼을 잃는 것처럼 커다란 불행으로 다가온다

차라리 사랑도 미움도 없으면 얽매임이 없다고

진실한 사랑의 의미와 목적에 대해

준비되어 있지 않으면 사랑해서도 결혼해서도 안 된다

13 시절 인연 속 좋은 인연

인연의 끝에 헤어짐이 있지 않다
남아 있는 원망까지도 마음에서 다 비워내고
태연하게 안부를 물을 수 있을 정도여야
비로소 인연이 끝이 난다
혼란한 마음을 무조건 참는 것이 능사가 아니라
참지 않아도 될 만큼 비워내야 한다
생에 대한 애착이 강할수록
인간에 대한 애증도 쉬이 사라지지 않는다
그렇기에 더욱 악연을 품고 살아가선 안 되며
헤어질 때 다 풀고 가는 게 좋다
그때가 비로소 진정한 마침표가 될 테니

지난 인연일랑 깨끗하게 정리하고
고운 인연일랑 아름답게 이어가면 될 일이다
결국 우리의 인연이란 마지막 그림을
잘 그리는 것이 중요하다
인연을 잘 정리해야
다시 좋은 인연을 얻지 않겠는가
옷깃만 스쳐도 인연이라지만
인생에서 좋은 인연은 손에 꼽힌다
누구에게나 인간관계의 삶은 고단하니
좋은 인연에 기대고픈 마음이야 당연하다
마음을 나누어 서로에게 든든한 기둥이 되어주고

그리움만으로도 모질고 거센
세상의 어려움을 이겨낼 힘을 준다면
그런 인연은 존재만으로도 아름답다
칡이 소나무를 의지히면 높이 오를 수 있듯이
벗이건 스승이건 자신을 성장시킬 수 있는
좋은 이 선한 이를 가까이하자

14 존중과 대화가 강물처럼 흐르기를

지독하게 사랑해서 결혼에 이르지만
서로에 대한 인간적인 존중을 놓친다면
함께 살면서도 헤어진 것과 같다
그러므로 사랑하는 마음이 있다면
그 마음을 유지하고 싶다면
이해와 배려를 잃지 말아야 한다
내가 원하는 대로
상대가 해주기만을 바라지 말고
먼저 베푸는 것이 사랑임을 알자
결혼 생활은 강물처럼
부부간의 끝없는 대화로 흘러가는 것이니

여자의 말은 길고 남자의 말은 짧다
서로 대화하려 노력해야 하는 이유다
수많은 인연 중 서로에게
가장 힘이 되는 것이 부부 관계다
서로가 원하는 것이 무엇인지 알고
둘만의 인생을 어떻게 살아갈지
행복하게 그려 나가자

15 어리숙한 사랑의 초보

뜨거운 국물을 처음 입에 대면
뜨거워 먹기 힘들지만
시간이 지나면 차츰 식어 간다
사랑도 그러하다
사랑을 시작할 때도 불같은 자신의 마음이
상대방에게 닿길 갈망하지만
막상 사랑이 찾아오면 서서히 식어 간다
우리는 사랑에 언제나 초보일 수는 없는 걸까
온갖 시행착오를 거치면서
이미 사랑에 익숙해진 사람들보다
시작할 때처럼 뜨거운 마음으로

살아갈 수는 없는 걸까
지금 당신에게 사랑이 머물러 있다면
그리운 사랑을 영원히 간직하고 싶다면
어리숙한 사랑의 조보가 되어라

16 사랑해보다 미안해

각자가 둘이 되어 만났다
둘은 사랑에 빠졌고 결혼을 했다
둘은 다투고 싸웠다
각자 말이 없어졌다
각자 다른 생각을 한다
둘의 사랑은 어디로 간 걸까
결혼은 함께 살아가는 일이다
사랑 못지않게 화해할 수 있는
노력과 능력이 필요하다
평생을 함께 살아가는 데는
사랑해라는 말보다

미안해라는 말이 더 중요하다

결혼은 사랑해보다

미안해를 자주 해야 한다

혼자라서 좋은 점이 있다면
혼자라서 불편하고 나쁜 점을
참고 견딜 줄 알아야 하듯이
함께라서 좋은 점이 있다면
함께라서 불편하고 나쁜 점도
참고 견딜 줄 알아야 한다

17 미움과 싫음은 아무것도 아니다

누군가와 무언가가 밉고 싫다는 마음에 신경 쓸수록 그 마음은 자꾸만 커진다.

누구를 미워하고 무엇을 싫어하는 게 문제가 아니다. 어떤 것은 그냥 좋고 어떤 것은 그냥 싫다. 다만 미움과 싫음에 마음을 쓰는 게 문제다.

미움과 싫음을 문제로 삼고 고치려 하는 것은 좋지 않다. 험담하는 것도 미움과 싫음을 실체화시킨다. 그저 그런 감정을 인정하고 알아차리는 것, 그 감정을 해체하여 실상을 아는 것이 중요하다.

미움과 싫음의 덧없는 본질을 알아야 거기서 벗어날 수 있다. 미워해도 싫어해도 되지만 미움과 싫음을 키우지 않아야 한다. 그래야 그 자리에 가엾게 여기는 마음이 일어나며 거친 말을 하지 않고 공평하게 대할 수 있게 된다.

   미움과 싫음은 사실 아무것도 아니다. 다만 알아차림의 갑옷으로 마음의 준비를 단단히 하고 잘 깨어 있어야 한다. 감정에 개의치 않고 어떤 사람이든 인간답게 대하는 게 필요하다.

18 깊고 질은 사랑을 하자

'사랑은 모든 것을 이긴다', '사랑에 목숨을 걸었다'처럼 사랑에 대한 말은 셀 수 없이 많다. 도대체 사랑이 뭐길래 그런 것일까? 얼마나 대단하기에 목숨까지 거는 것일까?

사랑에는 어러 기지 모습이 있다. 남녀 간의 사랑, 부모와 자식 간의 사랑, 종교에 대한 사랑, 나라에 대한 사랑, 자신의 일과 직업에 대한 사랑, 스승과 제자의 사랑, 자연에 대한 사랑, 진한 우정의 사랑, 나 자신에 대한 사랑까지.

우리는 이 중에서 적어도 하나의 사랑은 하며 살고 있다. 만약 단 하나의 사랑도 가지지 못한 사람이 있다면 그 삶은 너무도 가여운 삶일 것이다.

사랑이란 행복과 기쁨으로만 가득 차 있지 않다. 마음이

애잔하고 절절한 사랑도 사랑이다. 만약 사랑이 없었다면 그리움과 가슴 저미는 감동은 없을 것이다.
    깊고 짙은 사랑을 하며 살아가야 한다.

19 사랑은
끊임없는 노력이다

 마음을 빼앗기면 눈은 아무것도 보지 못한다는 말이 있다. 사랑에 빠진다는 것은 희망이 자기 인식에 승리를 거두는 것이다. 우리는 자신에게 있는 비겁함과 심약함, 게으름과 끔찍한 어리석음 같은 것을 상대에게서 발견하지 않기를 바라면서 사랑에 빠진다. 그렇게 다른 사람에게서 우리 안에서는 찾아볼 수 없는 완벽함을 찾는다. 그 사람의 모든 것이 좋아 보이고, 나를 구원해 줄 것이라는 환상과 기대에 사로잡혀 그 사람이 또 하나의 완벽한 나인 것처럼 자아의 경계가 무너지는 경험을 하게 된다.

 그러나 시간이 지나 콩깍지가 사그라들면 내가 사랑했던 그 사람, 그 사람과의 사랑이 완벽하지 않으며 항상 나와 같은 생각을 하지 않음을 깨닫게 된다. 실망감은 더해 가고, 열정적이었던 사랑은 어느새 분노의 감정으로 돌변해 매일이 짜증의 연속이 되고 만다. 기대치가 높이 올라간 만큼 마음이 낭떠러지로 떨어질 때의 공포 또한 커진다. 결국 그 무엇 때문에 자꾸만 싸우게 되고, 상처받아 아파하는 과정에 무뎌지면서 점점 무덤덤한 생활로 이어지게 된다.

그럴 때일수록 상대가 나와는 다른 독립적인 사람임을 인정하고 배려해 가야 한다. 서로가 완벽하지 않음을 인식하더라도 사랑할 수 있다는 사실을 믿자. 그 누구도 사랑의 아픔과 상처를 멀리할 수도 없고 피할 수도 없다. 그러니 밉든 좋든 서로의 감정들을 솔직하게 표현하고 자존감도 높여 가며 살아야 한다. 사랑으로 맺어진 서로의 마음에 아픔과 상처가 깊어지지 않도록 말이다.

20 허물없는 벗이 필요할 때

나이가 들수록 사랑하는 사람보다
벗이 필요할 때가 있다
만나기 전부터 벌써 가슴이 뛰고
바라보는 것에 만족해야 하는
그런 사람보다는
곁에 있다는 사실만으로 편안한
그런 사람이 더 그리울 때가 있다
길을 걸을 때 옷깃 스칠 것이 염려되어
일정한 간격을 두고 걸어야 하는 사람보다는
어깨에 손 하나 아무렇지 않게 걸치고
걸을 수 있는 사람이 더 간절할 때가 있다

너무 커서 혹은 소중하게 느껴져서

나를 한없이 작고 초라하게 만드는 사람보다는

비록 어울리지 않지만 부드러운 미소를

주고받을 수 있는 사람이 더 간절할 때가 있다

말할 수 없는 사랑 때문에 가슴이 답답해지고

하고픈 말이 너무 많아도 혼자 삼키며

말없이 웃음만 건네야 하는 사람보다는

허물없이 농담을 주고받을 수 있는 사람이

더 절실할 때가 있다

아무리 배가 고파도 입을 벌리는 것이 흉이 될까 봐

식사는커녕 물 한 방울 맘껏 마실 수 없는 사람보다는

괴로울 때 술잔을 부딪칠 수 있는 사람
밤새껏 주정을 해도 다음 날 웃으며
편하게 다시 만날 수 있는 사람이
나에게 더 의미 있지 않을까
어쩌면 나이 들수록 비위 맞추고 사는 게 버거워
내 속내를 맘 편히 털어놓고 받아줄 수 있는
친구 하나 있었으면 하는 소망이다

21 후회 없는 삶

세상의 그 누구도 완벽한 인생을 살 수 없다

성인聖人들도 인간적인 고뇌가 있었다

결국 중요한 것은 얼마나

후회 없는 삶을 만들어 가느냐다

우리가 살면서 지은

크고 많은 죄를 생각해 보면

타인을 위해 이로운 일 하나 하지 않은 채

삶을 마치는 것이 가장 후회가 많이 남을 일이다

적어도 내 주위의 인연에 대해서는

관대해져야 하지 않을까 싶다

결국 후회하지 않는 길은 하나뿐이다

바로 마음을 나누는 일이다
정을 나누고 사랑을 나누며
그리움을 전하는 그 길뿐이다
그리하여 우리는
상처 입어 돌아온 자식을
어미가 애틋하게 품어주듯
자신이 버린 모든 것들
자신이 만나야 할 모든 것들과
다시 만나야 한다
늘 그렇지만 진실한 삶의 열쇠는
오직 사랑에 있다

사랑이란 내 것을 내어줌으로써 완전해진다
내 것을 내어줄 수 없는 사람에게 남는 건
단지 자기 자신뿐이다
그러니 사랑은 나를 세상으로 확장시켜
더 많이 보고 느끼고 얻을 수 있게 해주고
무엇보다 나를 가장 충만하고 완전하게
살게 해주는 원동력이다

22 깊이 배려하며 살자

　타인을 생각할 줄 아는 마음은 인격자가 반드시 갖춰야 할 덕목이다. 나보다 타인을 먼저 생각하고 양보한다는 것은 그리 쉬운 일만은 아니다. 하지만 그런 배려야말로 인간관계를 원만하고 매끄럽게 이끌어주는 윤활유라 할 수 있겠다.

　학교 생활이나 사회 생활을 할 때 가장 중요한 예의는 진실하게 서로를 대하고 배려하는 마음이다. 사려가 깊은 사람은 그만큼 매사에 진중하여 주위 사람들에게 신뢰를 주기 때문에 좋은 평가를 받는다. 조직 사회에서도 언젠가는 리더가 되어 통솔하는 위치에 놓일 수 있다.

　만약 상대방의 입장은 생각하지 않고 독단적이며 일방

적으로 일을 처리한다면 자연히 불평과 불만이 나올 수밖에 없다. 예의 바른 태도는 그 사람이 지닌 능력보다도 더 강력한 영향력을 발휘할 수 있다.

가식적인 예의는 금세 티가 나기 마련이지만, 진심으로 예의를 갖춰 사람들을 대한다면 사회적인 성공은 자연스럽게 따라온다. 타인의 마음의 문을 여는 열쇠인 배려는 일상 속에서 몸에 밴 예의범절에서 나온다.

예의는 인간을 만들고 지혜 있는 인간만이 예의를 안다.

3장

흘러가다 :

수용

1 계절과 사람

봄 여름 가을 겨울 사계절 중에
나쁜 계절은 없더라
겨울이 있으니 봄 햇살의 따뜻함이
더없이 반가운 것이고
여름이 있기에 만물이 앞다투어
짙은 풍요로움을 자랑하며
가을이 있기에 뜨거운 에너지를 품어
풍성한 수확을 안겨다주고
가을이 지나면 다시 재충전하며
몸과 마음을 어루만질 수 있는
겨울 또한 반가운 것이더라

계절 속에서 사는 사람도 그렇다
어떤 때는 봄처럼 따뜻하다가도
울끈불끈 화를 내며 다투기도 하고
이내 잠잠해지는 차분함에
여러 가지 상념에 빠지며
자신의 과오를 반성도 하다가
또다시 실수와 오해를 하는 게
사람이라는 존재지만
칭찬하고 격려하고
지지하고 응원하며
용서하고 화해하듯

결국엔 봄날 눈 녹듯이

사랑으로 다 제자리로 가게 되더라

3장 흘러가다: 수용

2 나이는
성숙을 머금고

성숙해 간다는 것은
결국 약한 것들을
사랑할 수 있는 마음을
익혀 가는 것이다
보잘것없고 남루한 모습들을
따뜻한 눈길로 바라볼 수 있는
마음의 넉넉함이 바로 그것이다
모습은 자꾸만 왜소해져도
마음은 한없이 커 가는 것이
나이듦의 의미라면
나이가 든다는 것은

아름다운 일이 아닐까

3장 흘러가다: 수용

3 배우려는 마음

지혜로운 사람은
누구에게나 배우려고 하지만
어리석은 사람은
누구에세나 가르치려고 든다
지혜로운 사람은
언제 어디서나 배우지만
어리석은 사람은
언제 어디서도 배우지 못한다
지혜로운 사람은
아랫사람에게 묻는 것을
부끄러워하지 않는다

배우고자 하는 마음이 없으면
스승도 스승으로 보이지 않지만
배우고자 하는 마음으로 본다면
세상에 스승이 아닌 사람이 없다
배움은 나이나 신분과 상관이 없다
아랫사람도 윗사람을
얼마든지 가르칠 수 있다
어린아이라고 깔보면 안 되며
허름해 보이는 사람에게도
비범한 면이 숨어 있을 수 있다
배우기를 즐기는 마음이

곧 지혜로운 사람의 마음이다

마음을 열면 눈도 열리고

마음을 닫으면 눈도 감긴다

스스로가 똑똑하다 여길 때
스스로가 정의롭다 여길 때
남들이 자기를 모른다 여길 때
인간은 가장 어리석은 짓을 한다
반대로 스스로가 부족하다 여길 때
인간은 가장 현명한 선택을 한다
스스로를 낮추려는 사람은 높아지고
높이려는 사람은 낮아진다

4   삶의 굴곡을 받아들이자

우리는 흔히 위기의 순간을

통과하거나 고민만 해결되면

모든 문제가 끝난다고 생각한다

하지만 세상에 진정으로 해결되는 일은 없다

세상 만물은 모였다가 흩어지고

또다시 모였다가 흩어지기를 끊임없이 반복한다

따라서 진정한 치유란 무슨 일이 일어나든

그것을 여유 있게 받아들일 수 있도록

내면에 넉넉한 빈 공간을 만드는 것이다

희망 혹은 두려움을 걷어내고

슬픔 고통 기쁨 그 무엇이든

삶의 맨 얼굴을 그대로 받아들여야 한다
고통을 직면하는 것은 나를 강하게 만드는 힘이다
그리하면 생각보다 많이 성장하고 치유할 수 있다

5 비우면 커진다

마음 그릇을 크게 하는 좋은 방법이 있다

그것은 비우는 것이다

비우는 만큼 마음은 커진다

비워서 커지고 커지면서 비워지기에

사람도 인연도 사랑도 들어오고

세상도 온갖 일들도 다 들어온다

그 어느 것이 오더라도 다 받아들인다

그만큼 마음도 커지고 덩달아 나도 커진다

6 행복은 꿈일 뿐

배우는 것

깨닫는 것

성장하는 것

인간이 되는 것

내가 태어나고 살아가는 이유다

행복에는 고통이 따른다는 말은

삶이 고통이라는 뜻이다

생과 사, 만남과 이별, 풍요와 무상

무너지고 지나가며

흩어지고 소멸한다

사랑한 만큼 아프고

올라간 만큼 내려간다

사람들은 행복해 보이거나

행복하다고 주장하지만

오래도록 영원한 행복은 진정 찾기 어렵다

현실의 행복은 행복한 꿈에 불과하다

7   모든 삶에는 의미가 있다

인생을 사는 동안에
무의미한 세월은 없다
세월은 그냥 흐르는 것이 아니다
그 어떤 세월이나 시간도
잘했든 못했든 어떤 의미가 들어 있다
그것이 무엇이든 간에
별것 아닌 것처럼 느껴질 수도 있다
그렇다면 그 또한 부족함을 깨달아
지금부터라도 한 해의 세월을
의미 있게 보내게 되면
그것이 한 해 한 해 쌓이게 되고

점점 더 커지고 뭉쳐지게 되어
어느 날 문득 당신의 가슴속에
뜨겁고 커다란 울림으로 살아날 것이다

8 고수의 사다리

고수의 경지에 이르려면
사다리가 있어야 한다
그 경지는 단번에 오를 수도
이를 수도 없다
부지런히 기량을 갈고닦아야
한 걸음씩 올라갈 수 있다
사다리는 또한 타고 내려갈 수도 있다
오름의 경지가 있듯이
내려가야 도달하는 경지도 있다
올라감은 배움이고 채움이며
내려감은 비움과 낮춤이다

인생의 고수는 내려감으로써 올라가고

낮아짐으로써 높아지며

어두워짐으로써 밝아진다

고수의 경지는 사랑으로부터

친절과 배려와 나눔과 봉사에 이른다

내려감의 깊고 그윽한 경지는

꽉 찬 듯 비어 있으며

어둡고도 밝다

9 오십에의 다짐

내 나이 오십
한자로는 지천명知天命이다
반백 년을 살아 봤으니
하늘의 뜻을 아는 나이
즉 세상을 볼 줄 알고
어떻게 살아갈지를 아는 나이다
이십 대에는 뭐든지 시도해 보고
삼십 대에는 내가 무엇을 좋아하고
잘하는지를 알아내며
사십 대에는 잘하는 것을 하면서 돈을 벌고
오십 대에는 너무 많이 하려 드는 대신

조금은 넉넉하게
노련하고 멋스럽게
나는 물론이요 주변도 챙겨 가며
육십 이후 움직일 수 있는 나이인
여든 다섯까지의 삶을 준비해야 한다
움직일 수 있는 노후의 삶은
그때 가서 준비하면 이미 늦다
시간은 나이를 기다려주지 않는다

10   여유 있는 마음

여유로운 성격에는

급한 일이 하나도 없다

욕심도 근심도 없어

사람들과 시비도 없다

그리하여 만족하니

마치 어린아이처럼 순박하면서도

풍부한 감성과 깊은 공감을 전해준다

무엇이고 스스로 욕심내거나

원해서 일을 찾지도 않고

또한 자신을 필요로 하는 일을

할 수 있다면 억지로 피하지도 않는다

심지心志도 굳건히 채우고 있다
인정과 인간미 또한 물씬 풍기며
그저 자신의 위치에서 묵묵히
유유悠悠한 마음으로 제 몫을 해나갈 뿐이다
갖고 싶고 지니고 싶은 마음이다

11 중심이 있고 유연하게

평온한 아침이다
분주함 끝에 찾아온
이 고요함이 나는 참 좋다
공기의 흐름조차 귓가에 들리는 듯
차분하고 맑은 시간과 함께한다
하지만 이 텅 빈 고요함이
어떤 이에게는 안온함을 주지만
어떤 이에게는 지루함을 주기도 한다
그래서 누군가는 고요한 시간을 찾아
홀로 먼 길을 떠나기도 하고
다른 누군가는 홀로 있는 시간 때문에

몹시 우울해지는 것 같다
그러나 우리 삶은 항상 고요할 수도
항상 분주할 수도 없다
고요할 때는 고요함을 즐기고
바쁠 때는 일상에 최선을 다하는 게
현명한 삶의 태도가 아닐까 싶다
그러기 위해서는 마음의 중심을
잘 잡고 살아가야 할 것이다
숨 가쁘고 빠르게 변하는
세상 속에서 말이다

12 나무처럼 살고 싶다

작은 씨앗 하나에서 시작해
줄기와 가지를 뻗고
잎과 열매를 맺으며 자라는 나무
봄 여름 가을 겨울을 지내며
더위와 폭풍우와 혹한을
오롯이 버티고 견뎌내어
안으로는 속살과 나이테로 더 단단하게
위로는 곧고 옆으로는 풍성하게
아래로는 깊게 뿌리내려 자라난다
잎이 떨어져 앙상한 겨울의 나무는
실제는 사람보다도 더 오래도록

강인하고 건강하며 푸르다

나무는 약해지거나 티 내지 않는다

나의 삶도 그러한 나무 같기를

한없이 느릿느릿 기어가는 달팽이도
실은 혼신을 다해 기어가고 있을 거야
새들도 수만 번의 날갯짓으로 날고
벌은 1킬로그램의 꿀을 얻기 위해
560만 송이의 꽃을 찾아다니며
태양도 달도 하루의 일과를
말없이 묵묵히 해내고 있듯
자연도 저마다 투지의 삶을
아름답게 살아가고 있음이다
나도 자연처럼 살다 가리라

13 현재를 살아야

마음은 여전히 욕망을 떨쳐내지 못하였고
몸은 여기 있으나 마음은 주인공이 되지 못하였고
여기저기 갈팡질팡 흔들리며 떠돌고 있다
어느 누구와 함께 있어도 함께 있지 못할 때가 많고
직장에서도 몸은 직장에 있으나 마음은 집에 있다
어디에 있든지 지난 시절의 온갖 기억을 가져와
스스로가 번민하고 괴로워한다
어제 있었던 일부터 작년에 있었던 일
심지어 아주 어려서 겪은 일까지
끄집어내며 현재를 살지 못한다
외부의 환경에 흔들리지 않으며

오로지 현재 머무는 곳에서 주인공으로 살기란
여간 어려운 일이 아니다
분명한 것은 내 생각과 마음이 과거에 얽매여
자꾸만 비교하고 조급해진다는 것이다
몸은 여기 있어도 마음은 콩밭에 가 있으면
아무런 소용이 없다
마음이 행동으로 이어지고
그 행동이 모든 결과로 이어짐을 명심하자

14 감정을 그저 바라보기

내 마음 나도 모르겠고

상대는 미워 죽겠고

공부는 해도 해도 안 늘고

몸은 자꾸 약해지고

삶은 어떻게 살아야 할지 모르겠을 때

지나가는 이 부정적인 생각과 마음을

그냥 지켜보는 연습을 해보자

내 생각대로 무엇인가

일어나기만을 바라는 것은

화가 난 인생을 살기 위해

준비하는 것과 같다

화를 내기보다는 차라리

왜 부정적으로 생각하는지

생각 연습을 해보자

감정은 옳은 것도 틀린 것도 아니다

15 한순간이니

분노는 한순간이니

따라가지 않으면 되고

절망은 한순간이니

빠지지 않으면 되고

욕심은 끝이 없으니

부리지 않으면 되고

불안은 생각일 뿐이니

믿지 않으면 되고

슬픔은 한순간이니

이야기를 만들지 않으면 된다

감정은 한순간이니

지나가게 놔두고

마음을 크고 넓게

깊고 잔잔하게 만들면 된다

감정에 빠지거나

감정을 불씨처럼 번지게 하는 습관은

오래 가는 불필요한 괴로움만을 만든다

평정심을 유지하면

그 무엇에도 휩쓸리지 않을 수 있다

16 생각과
마음의 신기루

생각과 마음의 물리적 무게는 0그램이다. 하지만 우리가 체감하는 무게는 상상하지 못할 정도로 무겁고 묵직하다. 고민이 있거나 초조할 때면, 생각과 마음의 무게는 긴긴밤을 잠 못 들게 하고 만병의 근원인 스트레스를 동반하여 식욕과 의욕마저 뭉개 버린다.

이런저런 걱정과 분노, 슬픔과 아픔 등으로 몹시 고통스러울 때면 그런 감정과 고민을 꺼내어 눈앞에 놓아 보자. 막상 꺼내려고 하면 있지도 않은 것 때문에 걱정하고 있었음을 알게 된다.

모든 감정이나 고민은 신기루처럼 일체가 없다는 본질만 알면 별것 아닌 것에 괴로워하는 자신의 모습이 보일 것이다. 그러면 비로소 부정적인 감정들을 쉽게 털어 버리고 생각과 마음을 올바르게 다루며 평화로워질 수 있을 것이다.

17 행복과 욕망은 다르다

욕망을 누리면 행복한 것이 아니라

욕망이 더욱더 커질 뿐이다

욕망의 충족은 괴로움을 만든다

즐거움 자체는 나쁘지 않지만

바라고 집착해서 안 좋은 것이다

욕망이 없을 땐 깊고 순수한 기쁨이 있다

행복의 유일한 길은 만족이다

이미 온전하고 행복하고 지혜로운데

자꾸만 바라기 때문에

그것을 모르는 것이다

영원한 행복이라는 꿈을

온전히 버리면 꿈이 이루어진다
만족하면 감사하고 행복하며
바라지 않아도 복이 찾아온다
행복의 큰 장애는 바라는 마음이다

18 바람을 잡지도
바람에 흔들리지도 않게

바람이 불어야
깃발과 풍경이 움직인다
바람은 흔드는 주체이고
깃발과 풍경은 흔들리는 객체인 것이다
그러나 깃발과 풍경이 흔들리지 않으면
바람이 불고 있다는 사실을
확인할 길은 없다
깃발과 풍경은 바람을 통해서
제 역할을 하고
바람은 깃발과 풍경에 힘입어
자신을 드러낼 수 있는 것이다

우리 사는 일도 이러하다

윗선에서 교묘히 바람을 잡든

바람이 하라는 대로 춤추든

다들 그렇고 그런 공생 관계일 뿐이다

마음이 움직이지 않으면

바람이 불어도 춥지 않고

깃발과 풍경이 흔들려도 동요하지 않으리

3장 흘러가다: 수용

19 흔한 착각

마음을 비운다는 것은

명료한 마음이 있는 것이다

생각이 문제가 아니라

생각에 집착하는 게 문제다

상황이 문제가 아니라

태도가 문제다

타인 때문에 힘든 게 아니라

자기 마음 때문에 힘든 것이다

내려놓음은 포기가 아니라

받아들임이다

자비는 불쌍히 여기는 게 아니라

처지를 이해하는 것이다
사랑은 감성을 말하는 게 아니라
실천을 말하는 것이다

20 고통은
고마운 것이다

 좋은 것만 원하고 좋지 않은 것을 거부하는 마음의 자세가 행복과 성장으로 가는 데 있어 가장 큰 걸림돌이다.

 삶에서 어려움을 피하고 쉬운 길만을 원한다. 고통을 피하고 행복만을 바란다. 자신의 좋은 면만 받아들이고 좋지 않은 면은 부인하고 싫어한다. 안타깝게도 사람의 기본 마음 자세다.

 아이러니하게도 이런 마음은 우리가 원하는 정반대를 갖게 한다. 어떻게 좋은 일만 있을 수 있겠나? 인생은 어려움과 고통으로 가득 차 있으며 자신에게도 어두운 면이 많다. 성공한 사람, 복이 많은 사람, 훌륭한 사람, 행복한 사람의 비결은 고통과 어려움을 이겨냈다는 거다. 허물을 없애서가 아니라 허물을 인정해서 인간다운 인간이 된다.

그러니 자신의 허물을 인정하고 사랑하고 널리 알리자. 마음의 자세만 바꾸면 세상이 밝아진다. 행복과 성장을 위해 고통과 어려움은 당연하고 피할 수 없는 것이며 자연스럽고 좋은 것이다. 저항 없이 잘 받아들이기만 하면 몸과 마음이 건강해지고 삶이 행복하며 충만해질 것이다.

21 슬픔을 너그러이 허락하자

늘 자신이 사는 방식이
만족스럽지 못하여 괴로워한다
슬픔과 우울을 느끼지 않으려고
바쁘게 지내며 외면하고 산다
슬픔은 나쁜 게 아니라
다르게 살아야 한다는 신호인데 말이다
따지고 보면 우리는 모두
가슴 한쪽이 아픈 마음의 환자다
그런 마음의 병을 고치지 않으면
조용한 절망 속에 살 수밖에 없다
슬픔을 외면하면 아프지만

슬픔에 마음을 열면

더 이상 이렇게 살기 싫고

후회 없이 진실한 삶을 살고 싶은

간절함이 우러나온다

이때부터 다르게 살 수 있다

그러니 슬픔을 생생하게 느끼며

너그럽게 허락하자

슬픔에 귀 기울여 보면

우리에게 알려줄 게 많다

22 경험이란
내가 만드는 것이다

몸이 안 좋아도 마음은 좋을 수 있고
몸이 뻐근해도 마음은 유연할 수 있듯이
슬픔과 괴로움을 허용하지만
평정심을 잃지 않을 수 있다
무슨 일이 있어도 호들갑 떨거나
긁어 부스럼 만들지 말고
조용히 대처하면 날마다 좋은 날이 된다
경험이란 어떤 일이 생기는 것이 아니라
그 일을 어떻게 받아들이느냐다
경험은 자기가 만드는 것이다

23 인생이라는 여행길

인생은 기나긴 여행과 같습니다

오르막길이 있으면 내리막길도 있고

비가 올 때도 있고 눈보라 칠 때도 있으며

눈부신 날이 있으면 우울한 날도 있습니다

달고 짜고 맵고 시고 쓴맛 모두

인생의 참맛이지 싶습니다

너무 변화가 심하면 피곤할 때도 있겠지만

늘 같다면 지루할 수도 있을 겁니다

인생의 맛을 조화롭게 음미할 줄 아는 것 또한

인생의 축복이지 싶습니다

살다 보면 고마운 사람도 만날 수 있으며

더러는 힘들게 하는 사람도 있을 수 있습니다
뜻이 맞는 동반자가 옆에 있다면
더욱 유쾌하고 즐거운 여행이 될 수도 있습니다
그저 빨리 가는 것보다는
주변의 새로움과 아름다움을 만끽하며
긴 여행 속에서도 서로 사랑하고 도우며
즐거운 마음으로 간다면
행복하고 멋진 여행이 되겠지요

잠시 머물러 보면

떠도는 생각과 마음을 잡을 수 있다

우리가 풍경을 놓치는 이유는

너무 급하게 빠르게 걷기 때문이다

24 이대로도 좋다

청정하고 거룩한 사람이 되는 것이 아닌
이미 충만하며 행복함을 깨우치는 것
완벽하지 않은 자신과
완벽하지 않은 타인과
완벽하지 않은 인생을 사랑하는 것
섣불리 판단하지 않고
따뜻하게 보듬어주는 것
마냥 좋아하고
이해하려 드는 것
나를 타인을 인생을
그리고 지금 이 순간을

무척 좋아하기로 했다

3장 흘러가다: 수용

25 아모르 파티

삶과 인생은
우리가 원하는 대로 되지 않는다
또한 원하는 대로 된다고 해서
반드시 좋은 것도 아니다
인생이 내 뜻대로 되지 않기 때문에
괴로운 것이 아니라
인생이 항상 내 뜻대로 되어야 한다고
생각하기 때문에 괴로운 것이다
원하는 것이 있으면 노력하면 되지만
열정을 갖고 노력해도 안 되는 것도 있다
그러니 안달복달 괴로워할 필요도 없다

모든 것에는 옳고 그름과

좋고 나쁨이 없음을 깨달아

겸허하게 기꺼이 받아들이는 삶

주어진 운명을 사랑하는 삶을

살아내면 된다

태어난 것은 죽고

고통과 기쁨도 결국엔 사라지듯이

모든 것은 변하고 움직인다

세상 이치가 그렇다

26 낮춘다는 것

제나라의 경공이 공자에게
어떻게 하면 정치를 잘하느냐고 묻자
공자는 '군군신신부부자자'라 했다
대통령은 대통령다워야 하고
공무원은 공무원다워야 하고
부모는 부모다워야 하고
자식은 자식다우면 된다
각자가 자신의 역할에 충실할 때
모든 일이 잘된다는 뜻이다
정말 쉬운 법칙인데 사람들은 왜
지키지 못하는 걸까

그 이유는 착각에 있다

대통령은 국민이 있어야 존재할 수 있다

국회의원도 국민이 뽑아줘야만 배지를 달 수 있다

사장도 직원이 있어야만 존재한다

가장도 가족이 있어야만 존재한다

자식도 부모가 있었기에 태어날 수 있었다

그러한 본분을 잊었기에 문제가 발생하는 것이다

존중하고 봉사하는

그 본분에만 충실한다면

모든 일은 잘될 것이다

잊지 말자 높이 올라가고 싶다면

가장 낮은 자세로 세상을 대해야 한다

27 최고의 삶

어느 순간 성큼 늙어 버린

나를 발견하고 낙심했다

인간의 서글픔 중의 하나는

나이듦을 느낄 때라고 했던가

하지만 이 또한 거스를 수 없으니

받아들여야 한다

세상에 영원한 것은 없다

돈도 명예도 지식도

죽고 나면 그뿐이니

타인에게 해를 끼치지 않고

자신에게 주어진 삶을 살면 된다

봄이 오면 봄에 맞는 옷을 입고
여름이 오면 여름 옷을
가을이 오면 가을 옷을
겨울이 오면 겨울 옷을 입고 살듯이
흐르는 시간에 순응해
즐겁고 행복하게 후회 없이
최선을 다해 살아가는 삶이
최고의 삶이고 행복한 삶이 아니겠는가

28 파도 타듯이 살자

 거센 파도라는 생의 난관에 휩쓸리면 위험하다. 파도에 맞서기보다 오히려 유연하게 서핑하듯 웃으며 넘어서면 어떨까.

 우리가 일터에서 맞닥뜨리는 어려움은 그동안 배운 지식이나 절차가 있기에 어떻게든 막아지지만, 인생에서 처음 만나는 난관들은 어쩔 줄 몰라 회피하게 된다.

 인생은 나뿐만 아니라 누구에게도 예외 없는 실전이다. 내가 저지른 말과 행동, 나로 인해 떠난 사람들, 실패한 일 등을 마주하는 잔인한 실전이다. 이러한 실전 문제는 파도를 타듯 넘기는 법을 배워야만 한다.

 그러기 위해서는 늘 책을 가까이하고, 하루를 돌아보는

글을 쓰고, 철학이나 심리학, 지혜를 얻을 수 있는 공부를 하면 좋다. 목마른 사람이 우물을 판다고, 안일한 대처보다는 미리미리 인생을 배워 두면 좋다.

이렇듯 인생 공부는 목 놓아 울면서도 해야만 하는 숙제 같은 것이다. 배우고 도전하지 않으면 자기 자신을 온전히 만날 수 없을뿐더러 영영 잃을 수도 있기에.

4장

나아가다:
행동

1 진실의 맨 바닥

높은 곳에서 추락할 때
우리가 떨어지는 곳은
오직 하나, 바닥인 땅이다
살아가는 동안
거짓과 상실, 좌절을 만나고
허탈함과 덧없음이 느껴질 때
진실의 바닥에 한 걸음 더
가까워지게 되고
결국엔 그 바닥을 딛고
다시 일어서면
무엇이든지 할 수 있게 된다

단 땅에서 넘어진 스스로가

땅 짚고 일어서야만 한다

2　매일이 배움이다

우리는 언제나 그렇듯
뒤늦게 시간이 지나고 나야
삶에 대한 깨달음을 말한다
만원 버스와 지옥철을 기다리며
참 힘겹게 부지런히 살아가는 데도
자주 후회하고 지난 시간들을
아쉬워하고 자책한다
보통 사람들의 삶과 인생이
이다지도 힘들고 괴롭다
그런 오늘의 후회와 깨달음은
내일을 위해 반드시 쓰여야 한다

그것이 바로 삶과 인생을
배운다고 하는 말이다
죽을 때까지 계속되는
인생의 이야기 속에서
우리는 배우고 익히며 성찰하고 성장하며
그렇게 조금씩 앞으로 나아가야 한다
매일에서 삶과 인생을 배우자

3 두려움이 있어야
용기도 있다

무언가 강력한 대상 또는
어려운 일을 만나게 되면
덜컥 두려움이 느껴져
해낼 수 없으리라 생각하고
쉽게 포기의 마음이 들 때가 있다
그때 위기를 넘길 수 있는 방법은
바로 자신이 가장 잘할 수 있는 것을 찾아서
자신만의 강점으로 기르는 것이다
사람은 모두 장단점을 가지고 있지만
위기 앞에서 용기 있게 맞설 수 있는 사람은
단점보다는 장점에 집중하는 사람이다

용기란 자신이 두려워하는 것을 하는 것이기에

두려움이 없으면 용기도 없다

절벽 끝, 청중 앞, 위기의 순간
누군가는 자신감이 사라지고
누군가는 자신감이 생겨난다
자신감은 아무에게나 주어지지 않는다
마주한 낭떠러지 그 끝에서의
마음가짐과 의지에서 생겨난다

4 초심을
돌아보며

요즘엔 인연이 다했나 싶은 것들이

종종 눈에 띈다

낡아서 해진 옷을 보다가도

문득 지나간 세월을 느낀다

오랫동안 해오던 일들도

고정관념과 열등감

우월감과 콤플렉스에

떠밀려 살아온 삶을

자꾸만 돌아보게 하고

익숙한 일들도 이젠 그만해야 하나

싶은 생각이 들기도 한다

그러나 시작의 고통이 클수록

인생의 밑거름도 충분해진다

크게 넘어진 고통은 훗날

위기를 버틸 힘이 되어준다

때로 누군가에게는 새로운 시작이

두려움일 수도 있고

적응하기엔 너무나 큰 고통이

자신을 먼저 맞이할지도 모른다

새 학교에서 생애 첫 직장에서

경쟁과 희생을 강요받을 수도 있다

설령 그런 상황에 놓일지라도

감정에 휩쓸리지 말고

조금만 시간을 내어 내면을 바라보자

진정한 깨달음은 늘 시간이라는 다리를

억지로 붙잡고 절뚝절뚝 뒤늦게야

찾아오는 법이니까

상처투성이가 된 다음에야

자신을 연민의 눈으로 바라보며

미소 짓게 되는 것이 인생이니 말이다

그럴 때마다 비록 누군가

나를 알아주지 않는다 해도

원망하지 않을 것

나이가 들어 갈수록

타인이 알아주는 것보다

스스로 충실한가에

잣대를 세우게 되었다

새로 시작하는 시기엔

하루도 허투루 보내지 말자

솔직하되 불평불만은

서랍 구석에 넣어 두도록 하자

누구라도 처음엔 다

실수할 수 있는 거니까

자신을 믿고 살다 보면

4장 나아가다: 행동

모두에게 다행스러운 결말이

기다리고 있을 것이라

말해주고 싶다

5 다
그렇게 살아간다

삶은 때로는 너무나도

가혹하고 혹독하게

우리 앞에 나타난다

아주 적은 확률과 예상조차

현실이 되기도 하고

감내해야 할 고통의 크기는

그 누구도 가늠할 수 없다

그런 하루하루를 버티며 살아가는

애환이 깃든 곳곳의 사람들에게서

오늘도 지치지 않고

견디는 힘을 배운다

그리고 새삼 깨닫는다

가혹한 삶의 모습 그 또한

삶이겠거니

6 반전은 숨어 있다

모든 결정과 행동에는 기회비용이 수반된다

그로 인해 더 생산적일 수 있는 다른 일에

시간과 돈과 에너지를 투자하지 못할 수 있다

지금 하려는 일뿐만 아니라

그 일을 함으로써 감수해야 할

비용까지 고려해야 한다

대가는 항상 존재하며

이때 부정적인 면에서 긍정적인 면을 보고

긍정적인 면에서 부정적인 면을 보면

지혜를 얻을 수 있다

7   행동하는 지혜

삶의 지혜는 배움으로만 익힐 수 없고
나이가 들수록 연륜이 묻어나듯이
경험하고 쌓아온 삶만큼 느끼고 볼 수 있다
살면서 몸소 배운 찐 경험에서 우러난 지혜는
누구도 함부로 쉽게 따라잡을 수 없다
강가에서 물고기를 보고 탐내는 것보다
돌아가서 그물을 짜는 것이 옳은 것처럼
행동하는 사람처럼 생각하고
생각하는 사람처럼 행동하자

8 좋아해야 이룰 수 있다

주위에 일을 잘하는 사람들을 보면
모두가 그 일을 좋아하는 사람들이다
책이 좋아 서점을 차렸고
글을 쓰며 작가가 된 나처럼
그 무엇이든 좋아서 빠져들면
그 속에 가르침과 깨우침이 있고
그것을 통해 인생을 알게 된다
뜻을 세워 스스로 무엇을
이루어 보려는 마음이 있다면
좋아하고 잘하는 일을 찾아야 한다
좋아하지 않고는 알 수 없고

알지 못하면 깨닫지 못하며
깨닫지 못하면 이룰 수 없다

관심이 있으면
집중하게 되고
집중하면 힘이 생기고
힘이 모이면 현실이 된다
관심을 두고 행동하면
자신이 원하는
그 무엇을 이루게 된다

9 늘 그렇듯이
평소처럼

초부득삼初不得三
첫 번에 실패한 것이
세 번째에는 성공한다는 뜻으로
꾸준히 하면 성공할 수 있다는 말이다
봄이 좋지 않아도
평소처럼 할 일을 하고
마음이 불편해도
평소처럼 친절했듯이
어떤 일이 있더라도
늘 그래왔듯 나아가야 한다
우리의 가능성은 무한하고

그 연결 통로는 용기다

모든 어려움을 도움이 되게

만드는 것이 용기다

그러니 어려움에 너무 신경 쓰지 않고

꾀부리지 않고 묵묵히

움직이다 보면

언젠가는 원하는 바를

이룰 수 있을 것이다

10 고난의 역설

 삶을 살아가다 보면 피할 수 없는 고난과 시련이 존재함을 깨닫게 된다. 때로는 그 고통이 너무나 커서 감당하기조차 버거울 때도, 숨쉬기조차 힘들 때도 있다. 하지만 이런 고달픔은 우리를 성장시키고 단련시켜주는 중요한 과정이기도 하다.

 인생의 여정에서 우리는 다양한 형태의 아픔과 고통을 마주하게 된다. 사랑하는 사람과의 이별, 오랫동안 품어온 꿈의 좌절, 갑작스러운 건강의 상실 등 예기치 못한 사건과 사고가 찾아오기도 한다. 그 순간 왜 하필 나에게 이런 일이 일어나는지 이해할 수 없고 세상을 원망하게 된다.

 하지만 시간이 흐르고 나면 그 고통이 우리를 더 강하고 지혜롭게 만들었음을 알게 된다. 고난과 역경을 겪으면서 우리는 인내와 용기를 배우고, 삶의 소중함을 더욱 깊이 이해하게 된다. 또한 주변의 사랑은 물론이요, 진정한 친구와 가족의 사랑을 발견하기도 한다. 그렇게 어려운 시기에 함께해준 이들의 따뜻한 마음은 우리에게 큰 힘이 되어준다.

물론 아픔의 순간을 견디는 것은 결코 쉽지 않다. 때로는 모든 것을 포기하고 싶은 자포자기의 마음이 들기도 한다. 하지만 그 과정을 통해 우리는 더욱더 성숙해지고 삶의 진정한 의미를 찾아갈 수 있다. 고달픔 속에서도 희망을 잃지 않고 앞으로 나아가는 것, 그것이 바로 인생의 진정한 아름다움이자 가치가 아닐까 싶다.

　인생의 고달픔을 온전히 피할 수는 없지만, 그것을 어떻게 받아들이고 극복해 나갈지는 선택할 수 있다. 고통 속에서도 감사할 것을 찾고, 일상의 작은 기쁨을 소중히 여기는 자세가 필요하다. 때로는 잠시 멈춰서 자신을 돌아보는 쉼과 치유의 시간을 가지는 것도 필요하다.

　그리고 무엇보다 혼자가 아님을 기억해야 한다. 주변의 도움을 받아들이고 서로 위로하며 함께 나아갈 때, 우리는 그 어떤 역경도 이겨낼 수 있는 힘을 얻게 된다. 때로는 우리의 고달픔을 함께 나누는 것만으로도 큰 위로가 되며, 다른 이들의 경험과 조언은 우리에게 새로운 관점과 희망을 주기도 한다.

   인생의 고달픔은 우리를 더 강하게 하고 타인에 대한 공감 능력이 있는 사람으로 만들어준다. 내가 겪은 고통은 다른 이들의 고통을 이해하고 그들을 돕는 밑거름이 되기도 한다. 이렇게 나의 경험은 다시 누군가에게 힘이 되어 선한 영향력의 선순환을 이룬다. 그렇게 희망을 잃지 않고 서로 의지하며 나아가다 보면 언젠가 뒤돌아봤을 때, 그 고난의 시간들이 우리 인생에서 가장 값진 순간이었음을 깨닫게 된다.

11 흔들리며 사는 인생

불혹이 되기 전에 정말 불혹이 되면

흔들리지 않는 내가 될 수 있으리라

막연하게 생각했었다

그런데 실제 불혹을 넘어서 보니

많이 흔들렸고 어떻게든 버텨내려고

안간힘을 쓰며 힘들어하던 때도 있었다

삶과 인생살이에 흔들렸고

사람과 사랑에도 흔들렸으며

약한 몸뚱이와 여린 마음

혼미한 정신에도 흔들렸다

살아 보니 흔들리지 않는 삶과 인생은 없었다

공자가 불혹을 그 어디에도 무엇에도
흔들리지 않는 나이라 했건만
나는 이리도 흔들렸고 저리도 흔들렸고
지천명이 넘어서도 여전히 흔들리며 살고 있다
흔들리며 살아왔지만 그렇다고 부러지지는 않았다

12 인생은 늘 설렘이다

살아가면서 수많은 시작의 순간들과 마주한다
탄생과 함께 처음 만나는 세상과 가족은 물론이요
친구와 선생님, 첫사랑과 헤어짐 등
셀 수 없이 많은 처음을 경험하며 살아간다
그렇게 세상을 전부 아는 것 같은 시절이 끝나고
성인이 되어 마주한 세상 또한
또 다른 시작의 순간들로 가득 차 있다
학교 생활과 직장 생활을 하며
매일매일 새로운 사람을 만나
새로운 장소에서 새로운 경험을 한다
그렇게 내가 이전에 알던 세계가

얼마나 좁았는지 깨달으며

점점 더 성숙해진다

시간이 흘러 사랑하는 사람을 만나 결혼을 하면

이전에 겪었던 그 어느 것보다

놀랍고 신비로운 세상을 만나게 된다

이렇듯 우리의 인생은 끝이 없는

도전이자 시작인 듯하다

시작의 순간이 왔을 때

다 잘될 거야 하고

나에게 격려와 용기를 주며

또 다른 시작을 신나게 맞이해 보자

어쩌면 청춘이란

목적지에 도착하지 않은

모든 인생을 뜻하는 말인지도 모르겠다

모험이 부족하면 좋은 어른이 될 수 없다

모험이 있는 인생이 재미있는 것 아니겠는가

13 길은
만드는 것이다

지켜야 할 규칙과

실질적 필요가 낳는

갈등에도 불구하고

뜻이 있는 한

길은 계속 이어지게 마련이다

염원이 거듭될수록

그 길은 더 넓고 뚜렷해진다

인생의 길도 마찬가지다

꿈꾸는 일이 있다면

그 꿈에 가닿기 위해

부지런히 발길을 내디뎌야 한다

걸림돌이 있다면 치우거나 돌아가거나
디딤돌로 발판 삼아 가면 된다
어떤 고난이 닥쳐 나를
벼랑 끝으로 밀어낸다고 해도
그 어떤 가시밭길이라도 가야 한다
길이란 그리로 가고자 하는
간절한 열망과 염원에 의해 생긴다
그 길은 또한 없어지지 않을 것이다
누군가가 다시 걸어갈
또 하나의 발자취가 될 것이기에

14 솔선수범의 삶

가장 좋은 조언은
솔선수범과 언행일치의 모습을
보여주는 것이다
타인을 행복하게 하는
가장 좋은 방법은
스스로 행복한 것이고
타인을 변하게 하는
가장 좋은 방법은
스스로 변하는 것이며
받은 은혜를 갚을 수 있는
가장 좋은 방법은

스스로 베푸는 것이다
자신을 만드는 것은
돈도 명예도 성공도 아닌
행동과 실천이다

15 칼 세 자루의 꿈

'칼 세 자루의 꿈'이라는 뜻의 '삼도지몽三刀之夢'은 꿈에서 칼 세 자루를 보고 영전을 예고한 고사에서 유래했다.

칼은 힘과 권위를 상징하며, 칼 세 자루는 단박에 이루어지는 성공이 아닌 단계적 성공과 명예를 의미한다. 큰 목표를 이루기 위해선 작은 목표를 하나씩 달성해 나가는 것이 중요하다. 배움도, 공부도, 승진도, 성공도 한 단계씩 올라가면서 쌓아 나가야 한다. 각 단계에서 얻어지는 경험과 지식이 결국엔 큰 성공으로 이어지는 것이다. 또한 한꺼번에 모든 것을 이루려 하기보다는 하나씩 이뤄 나가는 게 더 현실적이고 효과적이다.

삼도지몽은 급하지 않게 꾸준히 나아가는 과정의 소중

함을 알려준다. 꾸준한 노력과 그 결과로 자신만의 성공을 설계해 나갈 때 주어지는 기회를 잡을 수 있다는 사실을 명심하자.

성공은 성공으로 가는 과정 속에서 배우는 것들로 인해 결국 더 나은 자신을 만들어준다. 꿈과 성공은 욕망이 아니라 삶의 방향성을 찾는 과정이다.

16 씨앗 속 사과

나와 너 모두가
완벽하지 않음을 알고 겸손하면
두려운 마음을 다독일 수 있다
누군들 처음부터 잘할 수 있겠나
못하니까 더 해보자는 겸손한 마음이
계속해 나갈 힘을 준다
우리가 어떤 모습으로 살아갈지는
아무도 모를 일이다
그러니 떨리고 창피해도 시도해 보자
사과 속의 씨앗은 셀 수 있어도
씨앗 속의 사과는 셀 수 없기에

17 날마다
새롭게 살려면

당신은 하루가 끝날 때마다
어떤 모습으로 되새기는가
하루를 시작할 때마다
어떤 마음으로 각오를 다지는가
명심해야 할 것은 오늘의 마음 자세가
내일의 모습을 결정짓는다는 사실이다
오늘을 어떤 모습과 마음으로 살지
그 각오만큼은 잊지 않는다면
우리는 날마다 새로운 삶을
살아갈 기회를 얻게 된다
매일이라는 기회를

당신은 어떻게 사용하고 있는지
스스로에게 진지하고 진솔하게 물어보자
당신이 꿈꾸는 내일을 위해
단호하고 굳은 의지를 다진다면
새날은 어김없이 다가온다
우리가 살아 있는 한

기나긴 인생길을 걷다 보면

순간순간 자기를 속이거나

게으름에 빠지기도 한다

그것이 부끄러운 것이 아니라

자꾸만 그 길에서

벗어나지 못하는 것이

부끄러운 것이다

매일의 태도

펴낸날	초판 1쇄 2025년 8월 29일
	2쇄 2025년 9월 24일
지은이	김유영
펴낸이	강진수
편 집	김은숙, 우정인
디자인	이재원
인 쇄	(주)사피엔스컬쳐
펴낸곳	(주)북스고 **출판등록** 제2024-000055호 2024년 7월 17일
주 소	서울시 서대문구 서소문로 27, 2층 214호
전 화	(02) 6403-0042 팩 스 (02) 6499-1053

ⓒ 김유영 2025

- 이 책은 저작권법에 따라 보호를 받는 저작물이므로 무단 전재와 무단 복제를 금지하며,
  이 책 내용의 전부 또는 일부를 이용하려면 반드시 저작권자와 (주)북스고의 서면 동의를 받아야 합니다.
- 책값은 뒤표지에 있습니다. 잘못된 책은 바꾸어 드립니다.

ISBN   979-11-6760-110-0   03810

책 출간을 원하시는 분은 이메일 booksgo@naver.com로 간단한 개요와 취지, 연락처 등을 보내주세요.
Booksgo는 건강하고 행복한 삶을 위한 가치 있는 콘텐츠를 만듭니다.